한울-시앙스포 총서
HANUL/SCIENCES PO BOOKS

총서를 펴내며

이 총서는 무엇보다도 우리의 현실세계에서 논의되는 큰 문제들에 관심을 갖는 일반 독자들을 위해 출간되었다. 그런 만큼 이 총서는 저자들의 면모나 소재면에서 프랑스 사회만의 문제가 아니라 유럽과 전세계의 문제들을 대상으로 하고 있으며, 시앙스포 출판부 나름대로의 방식으로 대중의 대논쟁에 참여하고자 기획·집필된 책들이다.

따라서 이 총서의 목표는 지식인들이나 대학교수 및 연구자들에게 정치, 경제, 사회 전반에 걸친 본질적인 문제들에 대해 생생한 관점을 제공하는 데 있다. 물론 여기에서 관점이란 저자들이 충분한 숙고와 연구 끝에 얻어낸 것이다.

시앙스포 출판부는 여론을 선도하는 전문인들의 영역으로만 논쟁을 한정짓지 않으려고 노력함으로써, 까다로운 사회과학도 스스로의 한계에서 벗어나 사회적 효용을 가질 수 있음을 보여주고자 한다. 사회과학다운 엄정성을 지키면서도 무거움을 버리고, 여론 마케팅의 함정에 빠지지 않고도 시대의 문제에 관심 있는 시민들이 접근할 수 있는 내용을 갖춘다면, 사회과학도 명확하고 간결하게 시대를 증언할 수 있고, 나아가 상투성을 극복하고 편의성의 허상을 폭로할 수 있는 것이다.

비평적 도구와 기술적 예시의 무거움을 덜어내고 지루하지 않도록 짜여진 각 권의 내용은, 학술적인 종합이 아니라 지식인 공동체가 언제라도 활용할 수 있는, 명쾌하고 직접적인 표현으로 되어 있다.

백과사전적인 지식의 나열을 지양하고 현실에서 제기되는 쟁점을 집중적으로 탐구하는 이 총서는 불필요한 군더더기 없이, 지나친 단순함이나 지나친 난삽함을 벗어나 진정한 의미의 대중적 논의 마당을 열어보이고자 한다. 그리하여 이 총서는 진정한 참여의 문화를 건설하고자 부단히 노력한다.

- 편집기획위원

베르트랑 바디, 장-바티스트 부아예, 장-뤼크 도므나크,
마리-프랑수아즈 뒤랑, 세르주 위르티그, 알랭 랑슬로,
자크 르카셰, 티에리 르테르-로베르, 미레이으 페르슈,
도미니크 레니에, 르노 생솔리외, 크리스토프 드 보그드

시앙스포 출판부

한울-시앙스포 총서 8

현대사회와 다문화주의

다르게, 평등하게 살기

●

마르코 마르티니엘로 지음
윤진 옮김

한국어판 감수의 글

민주사회가 민주시민을 만드는가, 민주시민이 민주사회를 만드는가? 분명한 것은, 민주주의란 단순히 고정된 사회제도가 아니며, 안정과 발전을 위해 시민들의 각성과 참여를 요구한다는 사실이다. 각성된 시민들의 지속적인 정치참여만이 민주사회의 기초를 튼튼히 다지고, 안팎의 변화에 맞춰 개별 사회에 알맞은 민주질서를 형성해간다. 민주화의 첫단계를 지나 좀더 발전된 민주사회를 이룩하려는 우리 사회에서 시민들의 각성과 참여를 가능케 하는 시민사회 차원의 노력은 무엇보다도 중요하다. 한울-시앙스포 총서는 이러한 노력의 하나로 기획되었다.

'세계화'로 불리는 20세기 말의 세계질서 재편과정에서 지구상의 모든 국가, 공동체, 개인은 서로 연결되어 있으며 지구촌 전체의 변화로부터도 자유롭지 못하다. 따라서 자신의 사회질서를 발전시키려는 지구촌의 모든 구성원들은 급변하는 세계질서에 따라 자기 자신의 생활공간과 사회제도를 새롭게 구축해야 한다. 현실세계에 대한 올바른 이해와 깨어 있는 의식에 바탕을 둔 지구촌 구성원들 각자의 노력이 모아져서 개별 사회질서와 세계 전체의 질서는 사람이 살 만하게 바뀔 수 있다. 이 총서의 주제들은 세계를 이해하고 변화시켜 나가려는 지구촌 구성원들이 꼭 알아야 할 현실문제들이다.

이 총서에서는 대중의 관심을 끌고 있지만 잘 정리되어 있지 않은 사회과학의 여러 분야에 걸친 문제들이 대중성과 전문성의 적절한 균형 속에서 다루어지고 있다. 미국 중심의 세계질서 재편이 이루어지고 있는 현실에서, 그리고 미국의 영향을 직접 받고 있는 우리 사회에서 프랑스 지식인들이 민주주의와 세계질서 재편을 포함한 현대세계와 관련된 주요한 쟁점들에 대해 보여주는 이해와 비판은 우리 자신의 문제를 좀더 폭넓은 관점에서 바라볼 수 있게 해준다. 그러나 정치, 경제, 문화 각 분야에서 나타나는 우리 사회와 프랑스 사회의 차이는 주제에 따라 엄청난 시각차를 일으킨다. 따라서 이 총서는 독자들의 이해를 돕고 우리 나름대로의 관점을 찾기 위해 각 권마다 해설을 덧붙였다.

다양한 현실문제들을 다루고 있는 한울-시앙스포 총서가 우리 사회에서 건전한 시민문화를 형성하고, 나아가 세계화 시대를 함께 살아가는 인류공동체의 진보에 기여할 수 있게 되기를 바란다.

박순성(동국대 교수, 경제학)

SORTIR DES GHETTOS CULTURELS

Marco Martiniello

Presses de Sciences Po

Paris, 1997

SORTIR DES GHETTOS CULTURELS

by Marco Martiniello

Korean Translation Copyright © 2002 by Hanul Publishing Co., Seoul
Copyright © 1997 by Presses de la Fondation Nationale des Sciences Politiques, Paris

This Korean edition published by arrangement with Presses de la Fondation Nationale des Sciences Politiques, Paris, France

이 책의 한국어판 저작권은 저작권자인 시앙스포 출판부(프랑스 파리)와의 독점계약에 의해 도서출판 한울에 있습니다. 저작권법에 의해 한국 내에서 보호를 받는 저작물이므로 무단 전재 및 복제를 금합니다.

이 책은 프랑스 문화부의 지원을 받아 출판되었음.
Ouvrage publié avec l'aide du Ministère français chargé de la Culture

한울-시앙스포 총서 8

현대사회와 다문화주의
다르게, 평등하게 살기

현대사회와 다문화주의 ■ **차례**

서문 13

1. 문화와 정체성의 다양성 재발견 21
   국민의 형성과 문화적 동질성 23
   인종의 문제, '민족부흥'과 지역주의(1960~1970) 26
   이민, 과격 전통주의, 신(新)민족주의, 그리고 '새로운'
   소수(1980~1990) 30
   다양성의 여러 가지 측면 38

2. 경제적·이념적 갈등에서 문화전쟁으로? 43
   경제적·이념적 갈등은 끝났는가? 44
   문화와 문명의 전면전으로? 49
   문화의 다양성은 유럽 통합에 걸림돌이 되는가? 52
   다민족국가의 실패? 55
   민족적·문화적 분열과 경제적·사회적 불평등 59

3. 문화 그리고 정체성의 다양성에 관한 국가 차원의
   대책 ··· 65
   민족적·문화적 다양성에 대한 국가관리 '모델'? 67
   동화주의적 접근 72
   다원주의적 접근 74
   차별적 포섭/배제 76
   국가 차원의 모델과 현실의 괴리 79

4. 다문화주의란 무엇인가? ··································· 87
   사회적 시행 : '온건' 다문화주의 89
   공공정책, 소수집단에 보장된 권리 94
   소수집단의 정치적 결사 : '정체성 정책' 101
   이데올로기와 사회적 기도 : '강경' 다문화주의 105
   시장(市場)의 다문화주의 108

5. 다문화주의의 위험 ·· 111
   문화와 정체성에 대한 본질주의적이고 근본주의적인 접근 112

차례

　　문화, 정체성, 공동체 안에서의 개인의 고립　117
　　사회적·경제적 불평등의 은폐　122
　　억압받고 분리된 소수들의 사회로?　124
　　새로운 도덕질서?　126

6. 다문화적 민권, 민권적 다문화주의로? 129
　　문화적 다양성과 사회정의　133
　　모두에게 평등한 권리와 의무　136
　　다양성의 상징적 인정　139
　　법적인 인정과 공공정책 : 유연성의 조건　144
　　일상에 있어서의 양식과 선의　148
　　소수집단의 정치적 대표성　149

결론 153

참고문헌　158
역자 후기　161

서문

독일이 통일되고 거의 모든 공산주의 체제가 몰락하면서 냉전(冷戰)은 종식을 고하였다. 그와 함께 자본주의 경제의 세계화라는 새로운 단계로 향한 길이 열렸다. 사회적이고 경제적인 확신들이 존재했고 전세계에 걸쳐 상대적으로 정치적 안정이 이루어졌던 시대에 이어, 이제 '세계의 새로운 무질서'라고 할 수 있는 복합적인 불안정성의 시대가 온 것이다.

1980년대 말 자유화의 물결은 엄청난 희망을 불러일으켰고, 때로는 성급한 예견을 낳기도 했다. 정치적으로는 민주주의가 보편화되고 강화될 것이라고 예측되었다. 하지만 냉전의 와해와 함께 다가온 이 새로운 시대는 전세계에 걸친 지리적·정치학적 재편을 가져왔다. 실제로 서구세계 이외의 국가에서 민주주의는 단순한 구호에 그칠 뿐, 진정으로 실천되고 뿌리내리는 데 어려움이 있는 것 같다. 또한 서구세계에서도 민주주의는 답보상태에 머물러 있으며, 오히려 퇴보하는 것처럼 보이기도 한다. 실제 미국의 대통령 선거에 참여하는 국민의 수는 점차 줄어들고 있으며, 서유럽에서 역시 우려할 만한 민주주의의 결함이 드러나고 있다.

집단주의 경제의 균열 이후, 많은 사람들은 자본주의 경제의 세계화를 통해 누구나가 복지(福祉)를 누리는 새로운 시대가 도래할 것이라고 생각했다. 하지만 그러한 기대는 대부분 빗나갔다. 시장경제의 확장은 전세계에 걸쳐 부유한 소수와 가난한 다수를 가르는 고랑을 더욱 심화시켰을 뿐이다. 사실 아무리 경제지수가 급등한다 해도, 인류 전체가 복지를 누릴 수 있으리라는 생각은 한낱 꿈에 불과하다. 실제 가난하기로 정평 난 나라들에서뿐 아니라 서유럽이나 미국에서도 해체, 배제, 사회적 불평등이 점점 더 심화되고 있다. 결국 통신의 발달로 하나가 된 '지구촌'은 점점 더 분열되고 파편화된 것이다. 사회계층이 변모했다고 하지만, 그렇다고 해서 소멸된 것은 아니다. 사회로부터 배

서문

제되지 않는다고 해서 필연적으로 '가진 자'는 아닌 것이다.

오늘날 눈부신 기술 발전에 힘입어 대중문화가 점차 획일화되고 있으며, 대중매체들이 하나의 지구촌을 향해 나아간다는 것은 부인할 수 없는 현실이다. 우리는 사회의 '맥도날드화'를 겪고 있으며, 세계적인 'MTV*세대'의 출현을 보고 있다. 하지만 이러한 경향의 대응점에 정반대로 문화적 특수성에 대한 요구가 등장하고 (혹은) 재분출하고 있으며, 때로는 극히 제한적인 민족적·국민적*·문화적 정체성이 확립되고 있다. 민족주의는 다양한 형태하에 여전히 강력한 이데올로기로 남아 있으며, 민족적·문화적 정체성은 '지구촌'에서 진행되고 있는 변화의 깊이와 속도를 따라 잡지 못하는 사람들, 심지어 겁을 먹은 사람들을 안심시키는 피난처가 되기도 한다.

---

* 미국의 음악 방송 채널(옮긴이).
* 여기에서 '민족적', '국민적'은 각각 'ethnique', 'national'이라는 형용사를 옮긴 것이다. 우리말에서 흔히 사용되는 '민족적'이라는 용어는 어느 정도 위의 두 개념을 모두 포함한다고 할 수 있다. (흔히 'ethnique'는 '종족'으로, 'national'은 '민족'으로 번역된다.) 이 책에서 'national'이라는 형용사는 엄격하게 민족적 동일성에 근거한다기보다는 '국민공동체'적인 의미로 사용되고 있다. 'nationalisme' 역시 흔히 민족주의라 부르는 민족적 국민주의(nationalisme ethnique)와 민권(民權)의 사회계약에 근거하는 민권적 국민주의(nationalisme civique) 모두를 포괄하는 개념이다(옮긴이).

머지않아 국민국가(État-nation)*는 사라질 것이라고 예견했던 사람들은 적어도 부분적으로는 그러한 입장에서 후퇴하지 않을 수 없을 것이다. 국민국가는 오히려 새로운 도약의 동력을 얻어, 변화된 모습으로 세계의 변천 속에 자리잡게 되었다. 물론 국민국가는 유럽연합처럼 국가를 크게 지역적으로 재편하려는 경향과 결부된 위로부터의 압력에서 자유로울 수는 없으며, 마찬가지로 하위 민족주의 그리고 지역주의 운동에서 비롯되는 밑으로부터의 압력으로부터도 자유로울 수 없을 것이다. 하지만 국민국가의 저항은 괄목할 만한 것이다. 비록 그 독점적 위치는 상실했다고 해도, 여전히 중요한 경제적·정치적 조정의 장(場)이 되고 있다.

이제 한 국가와 민족공동체로서의 국민을 연결하는 전통적인 민족국가 개념이 더 이상 현대의 사회적·정치적 변천을 보여줄 수 없다는 것은 부인하기 어렵다. 그 이유로는 급격한 지리적·정치적 지각변동, 그와 아울러 전세계에 걸친 이민으로 인한 변동, 그리고 소수민족과 국민 내 소수집

---

* état와 nation은 모두 '국가'를 의미한다. 후자가 앞서 언급한 대로 민족적 혹은 민권적 단일성을 상정하는 데 비해 전자는 정부와 제도, 즉 정체(政體)로서의 국가를 말한다. 국민국가는 정치 영역에서 문화적으로 동일한 집단(nation)이 배타적 정치단위인 국가(état, state)를 소유한다는 사상에 기초한다. 19세기 이후 근대국가 성립의 기본이념이다(옮긴이).

서문

단, 그리고 이민자 집단 등 소수집단의 권리 자각을 들 수 있다. 사실 대부분의 국가, 특히 유럽연합과 북미의 국가들은 결코 내적으로 동질적이지 않다. 물론 그 다양성의 차이는 있으나, 모두가 다문화적이고 다민족적인 총체로서, 때로 그 안에는 극히 다양한 민족적·문화적 정체성을 가진 개인 혹은 집단이 공존하고 있다.

하지만 전체적으로 동질성을 지향하던 서구의 정치체계 내에서 최근 국가 상위의 차원 혹은 국가 차원에서 민족적·문화적 다양성, 그리고 정체성의 다양성이 '재발견'되고 있다. 그와 함께 사회적·정치적으로 격화된 형태의 민족주의와 지역주의, 심지어 인종주의의 영향을 받은 이데올로기가 재등장하였으며, 그것은 민주주의 질서에 대한 위협이기도 하다. 사실 지역공동체, 국민공동체, 민족공동체 같은 것은 자연스러운 것이고 또 그 성원을 보호해주는 것으로 여겨지는 데 반해, 민족적이고 문화적인 다양성은 두려움을 일으킨다. 하지만 그와 동시에 매력적이다. 도시의 소비와 생활양태에 있어서 이국 취향의 추구('월드뮤직', 아메리카 인디언들의 철학, '민족 고유' 요리 등)가 특히 상업적으로 성공을 거둔 예가 그런 매력을 말해준다.

점점 더 다양해져가는 국민, 그리고 국가의 관계가 어

떻게 변화하는가 하는 것은 민주주의를 공고히 하는 문제, 그리고 전통적 국민국가를 초월하는 문제와 관련하여 주된 쟁점이 되고 있다. 사실 많은 서구사회는 모두가 한 가지 동일한 도전에 맞서고 있다고 할 수 있다. 그렇다면 전통적으로 민족국가와 연결된 민주주의의 요구와 대부분의 서양 사회에 관찰되는 문화적·민족적 다양성, 그리고 정체성의 다양성을 조화시키는 것이 가능한가? 가능하다면 그 방법은 무엇인가? 정체성을 주장하고 문화적 특수성을 유지하려는 요구가 대두되고 있는 오늘날 그에 대해 어떠한 정치적 대답이 주어지고 있으며, 또 주어져야 하는가? 유럽과 북미의 민주주의에서 다문화적 민권(民權)은 가능한가? 개인의 권리에 근거한 침해할 수 없는 민권과 때로 소수집단에서 비롯되는 민족적·문화적 특수성을 인정받으려는 욕구를 조화시키는 것이 가능한가? 사회통합은 문화와 정체성의 다양성과 조화될 수 있는가? 아니면 사회통합이란 필연적으로 모든 개인이 공유하는 문화적 유대를 상정하는가? 이러한 복잡하고도 미묘한 질문들에 대해서 우리는 우선 북미와 유럽의 상황과 그에 대한 논의들을 관찰한 후, 그에 대한 냉정한 성찰에서 출발하여 답으로 제시될 수 있는 요소들을 찾아낼 것이다.

서문

1장은 오늘날에 재발견된 다양성, 그리고 실제 사회의 다양화 양상을 다룬다. 이 문제를 이해하기 위해서는 민족국가— 이것은 다양성의 개념과 상충되는 문화, 정체성의 동질화 논리를 상정한다— 의 성립 초기로 거슬러 올라가야 한다. 2장은 공적인 논의에 있어서 문화적 차이의 문제가 어떻게 다루어지고 있는가를 정리한다. 우리는 진정 국가 상위의 층위에서뿐 아니라 국가 층위에서도 문화적 갈등과 문화전쟁이 일반화된 시대, 다시 말하면 문화적 '게토화(化)'로 특징지어지는 시대를 살고 있는가를 점검하게 될 것이다. 3장은 문화와 정체성의 다양성과 관련하여 가장 흔히 사용되는 국가의 경영, 제어 양식을 소개하며, 때로 '모델' 형태로 제시된 국가적 이데올로기와 실제 사회적·정치적으로 시행되는 것 사이의 괴리를 다룰 것이다. 4장은 유럽과 북미에서 이루어지고 있는 다문화주의에 관한 복합적 논의를 다룬다. 프랑스에서 다문화주의란 용어는 필연적으로 과격한 공동체주의, 문화적 '게토'들의 병치를 떠올리게 하며, 결국 공익(公益)의 종말로 연결된다. 이것이 과연 다문화적 사회의 유일한 개념일까? 우리는 이러한 질문을 민족과 역사의 문맥 속에서 살펴볼 것이며, 이어 사회통합에 있어서 다원주의의 영향을 받은 몇몇 형태의 다문화주의가 갖는 위험과 그 잠재적 위협을 검토할 것이다. 마지막 장은 이러한 상황을 해결하고 민권과 다문화주의를 조화시킴으로써 문화적 '게토'를 벗어나고 추상적인 사회 '모델'들의 고정된 대립을 극복하게 해줄 수 있는 몇 가지 길을 제시할 것이다. 프랑스식의 동화주의 모델과 영미 계통의 다원주의 모델만으로는 한층 복잡해지고 계속 변화하는 현실에 더 이상 부합할 수 없음을 인정할 수밖에 없다.

1
문화와 정체성의 다양성 재발견

몇 년 전부터 문화와 문화적 정체성의 문제가 공적인 논의에 재등장하고 있다. 문화적으로 분열되고 아울러 국민적 정체성을 무너트릴 수 있는 다양한 문화적·민족적 정체성의 출현으로 인해 사회통합이 위협받고 있는 것이다. 이러한 다양성은 흔히 새로운 현상인 것처럼 소개된다. 강력한 국민적 정체성으로 특징지어지는 단일문화사회로부터 다문화사회로 옮겨가고 있다고 말하는 사람도 있다. 국민으로서의 정체성은 약화되고, 물론 정도의 차이는 있지만, 어느 정도 공격적인 문화적 정체성들이 개화되는 것이 다문화사회의 특징으로 제시된다. 단일문화사회에서 다문화사회로의 이러한 전이는 산업사회가 후기 산업사회로 이행하는 것에 부응하며, 또한 사회주의 체제가 몰락하고 자본주의가 승리함으로써 이념 갈등이 종식을 고한 것에 부응한다.

하지만 문화와 정체성의 다양성은 새로운 현상이 아니다. 인간사회는 그 다양성의 정도가 달랐을 뿐 언제나 다양화되어 있었다. 문화의 정체성, 혹은 다른 모든 영역의 정체성 ― 민족, 문화, 성(性), 계층, 직업상의 정체성 ― 과 관련하여 다양성이란 곧 삶의 동의어인 것이다. 완벽하게 단일문화적인 사회, 단일한 정체성을 갖는 사회는 오직 강자(强者)들이 강요하는 틀에 맞추어 인간 모두를 획일적으로 키워낼 때에만 존재할 수 있다. 하지만 그러한 사회는 사회생활이라는 원칙 자체에 반하는 것이기 때문에 결코 오래 지속될 수 없다.

그렇다면 모든 사회에서 실제로 존재해온 문화적 다양성이 오랫동안 가려져 있었던 것은 어떤 연유일까? 그리고 오늘날에 이르러 문화와 정체성의 다양성이 드러나게 된 것 혹은 재발견된 것은 무엇 때문일까?

1. 문화와 정체성의 다양성 재발견

국민의 형성과 문화적 동질성

오늘날 우리가 알고 있는 국민국가는 자연적으로 존재한 것이 아니라, 근대성과 밀접하게 연결되어 역사적·정치적으로 형성된 산물이다. 국민국가는 지난 두 세기 동안 가장 강력한 원칙이며 기도(企圖), 이데올로기의 하나였던 국민(민족)주의에 힘입어 미국과 프랑스 혁명으로부터 발전하고 다져졌으며, 점차적으로 세계 전역으로 퍼져나가게 되었다.

사실 국민주의는 극히 복합적이고 다양한 개념이어서 복수형으로 사용되어야 한다. 하지만 국민주의적인 모든 시도들을 연결해주는 공통의 기반이 있다면, 그것은 바로 정치적 경계와 문화적 경계를 일치시키려는 의지이다. 이러한 논리에서는 제도로서의 국가(État)와 국민(nation)은 구별되지 않는다. 그런데 국가와 국민은 다른 것이다. 시민공동체로서의 국민은 제도로서의 국가와 계약을 체결한, 그 권리와 의무가 동등한 시민 개인들의 총체를 말한다. 이러한 입장은 특히 프랑스의 공화주의적 국민주의가 갖는 특징이다. 그에 비해 민족공동체로서의 국민이란 혈통이나 문화 혹은 언어와 같이 과거로부터 물려받은 특징과 공통된 성격을 갖는 것으로 간주되는 개인들의 총체이다. 이러한 개념은 특히 독일 국민주의의 특징이다.

하지만 이러한 구별이 언제나 분명한 것은 아니다. 사실 국민주의에 기반을 둔 모든 기도는 민족 개념에 근거하든 혹은 시민 개념에 근거하든 결국에는 문화와 정체성의 동질화 과정을 상정하는 것이다. 국민국가의 건설은 곧 특수한 정치기구의 건설이었으며, 또한 문화적·국민적 정체성의 건설이었던 것이다. 물론 위에 언급된 두 경우 그 재료는 각기 다르다. 민족적 국민주의의 경우 조상이 같다는 단일민족의 이념이 국민 동질화를 위한 기도의 밑바탕이 되고 있으며, 따라서 문화적 동질성은 바로 그곳 사람이라는 자연적 존재에서 비롯되는 것으로 여겨진다. 반면 민권적 국민주의에서는 국가의 제도(군대, 학교 등)가 문화와 국민적 정체성을 만들어내고 또 받아들이게끔 하는 임무를 갖는다. 이때 공적인 영역에서는 문화와 정체성의 획일화를 따라야 한다. 반면 사적인 영역에서는 사회의 시선을 피해 계속해서 특수한 문화적 행태를 발전시킬 수 있고 또 다양한 정체성을 유지할 수 있다. 결국 자연적인 것이든 역사적·정치적 산물이든, 문화적 동질성이 사회의 규범으로 간주되며, 문화와 정체성의 다양성은 배제되거나 부정되고,

1. 문화와 정체성의 다양성 재발견

개인들의 사적(私的)인 영역으로 물러나기도 한다. 어느 경우에든 동질성과 단일성을 지향하는 사회 속에서 다양성은 비정상적인 것으로 간주된다. 국민주의의 힘은 다음 두 가지 능력에 존재한다. 즉 프랑스의 역사가 보여주듯이, 사회 내에서 객관적인 문화적 다양성을 축소하는 능력, 또한 그럼으로써 베네딕트 앤더슨(Benedict Anderson)의 표현을 빌면 '상상의 공동체(communautés imaginées)'를 창조하여 개인들이 사회 내에 실재하는 다양성을 볼 수 없게끔 감추는 능력이 그것이다. 이것은 때로 극히 상이하고 또 거리가 있는 개인들에게 가까이 있다는 느낌, 일치하고 있다는 느낌을 줄 수 있다.

하지만 1960년대 이후 여기에 문제가 발생한 것 같다. 민족적 다양성, 그리고 문화와 정체성의 다양성이 사회·정치의 장의 전면으로 복귀하게 되었으며, 심지어 그것을 삼켜버릴 지경이다. 어떠한 조건 때문에 추가 제자리로 돌아온 것일까? 문화와 정체성 문제의 이러한 대두를 어떻게 설명할 것인가?

인종의 문제, '민족부흥'과 지역주의 (1960~1970)

대략적으로 1960년대와 1970년대에 걸친 이 시기는 세 가지 중요한 현상으로 특징지을 수 있다. 첫째로 국가적 규모의 민권운동이 대두되었다. 둘째, 미국에서 소수인종(인디언, 히스패닉 등)들이 권리를 주장하기 시작했고, 유럽계 미국인들은 '민족부흥'을 주창했다. 셋째로 서유럽에서 지역주의의 문제가 재등장했다. 또한 여기에 덧붙여 제3세계가 식민지를 벗어나 독립하는 과정에서 민족주의가 대두된 것을 지적할 수 있다.

국가는 언제나 포섭(inclusion)과 배제(exclusion)의 과정을 통해 성립된다. 미국이라는 나라는 처음에는 북유럽으로부터, 그 다음에는 세계 각국으로부터 이민자의 물결을 받아들이면서 발전해왔다. '용광로(melting-pot)'*라는 동화주의적 이념은 자유롭고 평등한 문화와 개인들의 거대한 혼합으로부터 미국이라는 새로운 나라가 솟아오를 것이라고 예견했다. 하지만 그와 동시에 미국은 극도로 폭력적인 두 가지 형태의 배제에 근거하여 성립된 국가이다. 즉 지금은

---

* 여러 민족이 '융해'되어 이루어진 미국적 정체성의 상징으로 사용되는 표현(옮긴이).

1. 문화와 정체성의 다양성 재발견

보호정책을 펴고 있지만 인디언들을 대량 학살하였으며, 아프리카에서 끌어온 흑인들을 노예로 삼고 이후 그 유명한 짐 크로(Jim Crow)* 체제 — 공식적으로는 1954년에 폐지되었다 — 를 통해 '별개의 발전' 정책을 폈다. 인디언과 흑인들은 문화적으로 순응하고 스스로 미국의 국민이라고 생각했지만, 오직 피부색 때문에 미국이라는 나라에서 배제된 것이다.

1960년대 진정한 민권혁명의 기저에는 미국적인 평등의 이상과 실제 행해지는 인종차별 사이에 여전히 이러한 역설이 존재한다는 인식이 있었다. 그러한 상황에 지친 흑인과 온건 공화파 백인들은 미국의 이상을 실현하기 위해 힘을 합쳤다. 물론 충돌이나 폭력이 없었던 것은 아니다. 실제 시카고와 와츠, 그리고 다른 곳의 '게토'들이 폭발했다. 1963년 마틴 루터 킹이 이끄는 평화적 민권운동이 워싱턴으로 행진하였고, 결국 온 나라가 미국의 이념이 주창하고 있는 것과는 달리 모두에게 평등한 기회가 주어진 것은 아님을 인정해야만 했다. 특히 흑인과 인디언들에게는 여전히 평등한 기회란 존재하지 않았다. 이러한 상황을 치

---

* 흑인 민요의 후렴구 "Jump, Jim Crow"에서 비롯된 표현으로, 미국에서 시행되었던 흑인차별정책을 지칭한다(옮긴이).

유하기 위하여 정부는 과거의 잘못을 보상하고 평등원칙을 견고히 하는 조치를 취하게 된다. 그리하여 교육이나 고용 혹은 주택정책에 있어서 소수민족에게 특혜를 주는 정책들이 생겨나게 된다.

이것은 미국 흑인들의 집단적 정체성과 문화의 (재)건설에 있어서도 아주 중요한 시기였다. 노예정책을 실시하는 권력에 의해 아프리카의 뿌리를 잃어버리고, 미국의 사회적 상상계(imaginaire social)로부터 배제되었던 흑인들이 풍요로운 특수한 문화를 재건함으로써 자긍심을 되찾은 것이다. 그러한 자긍심은 "검은 것은 아름답다(Black is beautiful)"라는 슬로건에 요약되어 있다. 이와 같이 이 시기에 확립된 흑인들의 정체성과 문화는 이후 오늘날까지도 효력을 발휘하며 미국적 다양성을 보여주고 있다. 또한 흑인들의 민권운동이 성공을 거두자 크게 고무된 다른 소수민족들(인디언, 히스패닉 등)도 조금씩 자기들의 민족적 특수성을 인정받기 위해 노력하게 된다.

이러한 '민족부흥'은 유럽에서 옮겨온 이민자들의 후손에게도 영향을 미친다. 객관적으로 볼 때 문화적으로 완전하게 동화되어 있었음에도, 그들은 자기들의 뿌리를 되찾고 잃어버린 문화적 요소를 재건하려고 노력하였다. 이러

1. 문화와 정체성의 다양성 재발견

한 '민족부흥'은 문화적으로 특별하게 두드러지지 않는 사람들, 그리고 민족적 기원으로 인해 별다른 차별을 당하지 않는 사람들이 주장한 것이라는 점에서 상당히 놀라운 것이다. 정체성과 문화 확립은 바로 그들의 권력 전략의 일환이었던 것이다. 즉 소수민족에게 혜택을 주는 정책을 이용해서 국가가 배분하는 기금의 혜택을 누리기 위해서였다. 따라서 어떤 점에서 보면 이 '민족부흥' 운동은 기회주의적이었다고 말할 수 있다. 또한 많은 백인들이 자신들이 인종차별의 혜택을 입었다는 것을 받아들이지 못한다는 사실을 보여주는 것이기도 하다. 그들은 소수민족 우대정책을 통하여 과거의 잘못을 보상해야 할 필요성을 인정하기 어려웠던 것이다. 유럽계 백인들의 이러한 '민족부흥'은 사실 사회적·정치적으로 새롭게 변화된 환경에 적응하여 나타난 새로운 형태의 인종주의라고 말할 수 있다.

　이러한 배타적 독립주의의 물결이 북미지역에만 한정된 것은 아니었다. 서유럽에서도 지역주의 운동이 국민국가의 동질성에 문제를 제기하기 시작했다. 유럽의 몇 나라가 단일국가 건설에 어려움을 겪었다는 것은 모두가 알고 있는 사실이다. 플랑드르인과 발론인이 주기적으로 대립했던 벨기에의 경우를 대표적으로 꼽을 수 있을 텐데, 1960~1970년대에 연방국가의 성립과정에서 이러한 대립은 상당히 격화된다. 영국에서는 웨일스인과 스코틀랜드인이 부분적인 자치권을 주장하였고, 북아일랜드 분쟁은 폭력으로 빠져들어 지금까지 이어지고 있다. 스페인에서는 카탈로니아와 바스크의 요구가 점점 더 대두되고 있다. 프랑스에서도 지역주의(브르타뉴인, 오크인)가 공적인 무대에 모습을 드러내려는 시도가 있었는데, 물론 그것은 견고한 분리주의적 기도를 통해서보다는 문화·언어와 관계된 권리를 주장하는 데 그쳤다. 코르시카의 경우는 좀더 미묘한 문제로, 해결하기가 쉽지 않아 보인다. 이러한 운동들은 모두 프랑스 혁명의 자코뱅주의적 전통에 문제를 제기하려고 하는 것이다.

이민, 과격 전통주의, 신(新)민족주의, 그리고 '새로운' 소수 (1980~1990)

서유럽에 있어서 이민은 1970년대 초반까지는 경제적 국면에 관계되는 현상으로 간주되어왔다. 이민 노동자들은 노동시장에서 발생하는 결핍을 메우기 위하여 추가된 노동력으로 여겨질 뿐이었다. 따라서 그들의 존재는 한시적인 것으로 여겨졌고, 경제활동이 심각하게 위축되면 다시 그

1. 문화와 정체성의 다양성 재발견

들의 나라로 돌아갈 것이라고 생각했다. 1973~1974년에 유럽의 여러 나라에서 노동자들의 추가 이민을 중지시키고, 나아가 그들을 귀환시키기로 하는 결정이 내려진 것은 바로 이민현상을 그런 식으로 접근한 귀결이었다.

하지만 예상했던 것과 달리 귀환의 물결은 일어나지 않았고, 사람들은 이민자들이 이미 그곳에 정착한 것임을 깨닫게 된다. 아무도 자각하지 못하는 사이 이민자들은 이미 유럽사회를 구성하는 일원이 되어버린 것이다. 이민자와 그 가족들은 이미 터를 잡고 뿌리를 내렸고, 이제 그들의 존재는 돌이킬 수 없는 것이 되어버렸다. 이러한 사실은 이민자 스스로도, 그리고 그들을 받아들인 사회도 쉽게 인정할 수 없었던 것으로, 그로 인해 이민에 관한 논의에는 변화가 생겨나게 되었다.

이민을 받아들인 사회와 그 사회제도에 있어서, 일시적 존재로서의 이민 노동자들의 자리를 마련하는 것과 사회 내에 이민자들과 그 후손들을 위한 결정적인 자리를 마련하는 것은 전혀 다른 문제였다. 이 나라에 정착한 이민자들을 사회 안에 통합해야 하는가? 동화해야 하는가? 끼워 넣는 것인가? 포함시키는 것인가? 이러한 질문들은 1980년대를 거치면서 극도로 정치화된다. 그렇게 해서 이민의 물결이 가장 감소한 시점에 이르러 오히려 이민의 문제, 그리고 좀더 특수하게는 사회 내의 이민자 통합 문제가 정치무대에 등장하게 된 것이다.

이민자들 중 상당수는 자기들이 처한 상황을 일시적인 경제적 유배라고 생각했다. 프랑스나 독일에서 몇 년간 일하고 나서 적은 돈이라도 모으면 고국으로 돌아갈 생각이었다. 바로 그러한 조건에 있었기 때문에 생활에 있어서 상당한 희생을 받아들였던 것이다. 그런데 가족이 새로 구성되고 또 고향으로 돌아가리라는 신화 같은 믿음이 사라지면서, 조금씩 변화하게 된다. 새 나라에 완전히 정착하고 또 자녀들이 그곳에서 사회생활을 시작하면서, 이민자들은 태도를 바꿀 수밖에 없게 된 것이다. 그렇게 되자 자기들의 문화적인 관습을 일시적으로 중단하거나 감추는 것은 용납될 수 없는 일이 된다. 이민자들은 새로운 환경에 적응하면서도 자신들의 문화(대부분 지중해 인근 지역의 시골 민중의 문화)를 간직해서 자녀들에게 전해주려 한다. 그런데 그 자녀들은 이러한 문화적 문제뿐 아니라, 자기가 태어나서 자라났고 국적도 가지고 있는 나라에서 완전한 시민으로 인정되지 않는 사회의 거부에 부딪히게 된다.

이주해 온 나라에서 이민자들이 자기들의 문화를 펼치

1. 문화와 정체성의 다양성 재발견

려 하면서 사회 내에는 문화적 다양성이 커지게 된다. '외국' 언어, 식생활, 종교 등……. 사실 몇몇 사람들이 계속 주장하고 있는 것과 달리, 언제나 이민자들이 원래의 국민보다 출신 문화에 더 강하게 사로잡혀 있는 것은 아니다. 그들은 원래부터 살고 있던 '원주민'들이 새로운 관습을 익혀 실천하는 것과 마찬가지로, 자기들 본래의 문화를 변화시켜 새로운 환경에 적응시킬 뿐이다. 이 경우 이민자들의 정착은 그들 자신의 문화적인 폭을 확장시킬 뿐 아니라 새로 정착한 사회의 문화적 폭을 확장시키는 데도 기여하게 된다. 물론 이것은 때로는 손쉽게 이루어지기도 하지만, 때로는 갈등을 겪는다. 이렇게 해서 이민을 받아들인 유럽 국가들의 문화적 풍경은 계속해서 변모하는 것이다. 스스로 어떻게 생각하든 유럽은 이민의 대륙이며 앞으로도 그럴 것이다. 물론 오늘날에는 이민 노동자라는 낡은 도식은 무용지물이 되어버린 것 같다. 하지만 새로운 형태의 이민이 나타나고 있으며, 역시 세계 각국으로부터의 이주자들은 새 나라에 완전히 정착하게 될 것이다. 그들은 사회 속에서 한 자리를 얻고 싶어하며, 문화와 정체성의 인정을 합법적으로 누릴 수 있기를 요구하고, 사회에 공헌하기를 원한다.

앞으로는 미국이나 캐나다, 오스트레일리아 같은 전통

적인 이민 국가들과 독일이나 프랑스처럼 보다 최근에 이민을 받아들인 국가들 사이의 구별도 흐려질 수 있다. 앞의 나라들의 경우 이민은 곧 국가 형성의 토대였다. 그것은 새로운 국가, '이민 국가'의 건국신화였으며, 따라서 국가적 이념으로 기려졌다. 반면 뒤의 나라들의 경우 이민은, 가장 다행스러운 경우에라도, 원래의 동질적 국가에 덧붙여지는 것으로 간주되었다. 따라서 그러한 이념하에서는 스스로 '이민자들의 나라'라는 것을 받아들이는 것이 쉽지 않은 것이다. 현재 미국에서는 이민을 계속 받아들여야 하는가 하는 문제에 의문이 제기되고 있다. 반면 유럽의 경우 많은 나라들이 인구 증가에 있어 이민이 중요한 요소가 될 것임을 알고 있다.

 1980년대와 1990년대에 정치적으로 상당한 중요성을 획득한 신민족주의나 과격 민족주의, 인종주의는 이 문제를 정치적인 이슈로 내걸고 있다. 물론 이탈리아의 보시(Bossi) 동맹, 벨기에의 블람스 블록(Vlaams Blok), 프랑스의 프롱 나쇼날(Front National: 국민전선), 그리고 미국의 '생존주의(survivaliste)' 민병들을 모두 동일한 부류로 묶어버리려는 유혹에 빠져들어서는 안된다. 이 운동들은 모두 그 역사와 목적, 그리고 전략이 다르기 때문이다. 하지만 모두가

1. 문화와 정체성의 다양성 재발견

문화와 정체성에 있어서 사회가 다양화되는 것에 반대한다는 공통점을 갖는다. 그것을 자기들의 정체성과 문화에 대한 위협으로 간주하기 때문이다. 그들은 구체적으로 확인할 수 있는 어떤 적(이민자, 회교도, 발론인, 유엔, 코즈머폴리턴적 자본주의 등)에 의해 자기들의 정체성과 문화가 피해를 입고 있다고 생각한다. 따라서 필요한 경우 인종적 우월성의 이데올로기를 내세우며 문화적 동질성, 나아가 인종적 순수성이라는 논리를 내세운다. 분리주의를 주창하기도 하고(블람스 블록, 보시 동맹이나 미국의 몇몇 민병대), 프롱 나쇼날의 경우처럼 '진정한' 백인 프랑스인들의 나라를 이룩하려는 꿈을 실현하기 위하여 '복고'를 주장하기도 한다. 서부개척시대로 돌아가기를 원하는 것 같은 미국의 민병대도 있다. 이들이 갖고 있는 민주주의 개념은 상당히 의심스러우며, 그 극단적 성향은 상당히 우려할 만한 것이다. 어느 누구도 이러한 혁명적 운동에 대해서 효과적인 답을 찾아내지 못했기 때문에 더욱 우려되는 문제이며, 또한 일단 이러한 극단주의가 성공을 거두게 되면 실제로 이 세계가 '보스니아화'될 위험이 있기 때문이다.

 역시 1980년대와 1990년대에는 국민 내 소수집단의 문제가 회귀하는 현상이 일반화된다. 캐나다 '토착민', 오스트레일리아 원주민, 중앙유럽과 동유럽에서의 소수민족의 문제, 혹은 프랑스에서의 코르시카 문제나 카나카(Kanake) 문제*가 그 예이다. 이러한 소수들은 대부분 자기들을 인정하고 특별한 대우를 해줄 것, 즉 보호해줄 것을 국가에 요구했다.

1980년대와 1990년대는 또한 '행태상의' 소수집단이 대두되는 시기였다. 고대종교를 추앙하는 소수집단과 종파운동의 회귀가 두드러진 시기이기도 했다. 1960년대가 성해방의 시대였고 1970년대가 페미니즘이 강력하게 회귀하는 시대였다면, 1980년대 말과 1990년대는 특히 성적 행태에 있어서의 차별성의 권리를 주장하는 요구가 꽃피어난 시기이다. 지하에 숨어 있던 남녀 동성애자들이 동성애를 공공연히 천명하기에 이르렀고(Gay Pride), 예를 들어 동성애자들이 차별대우를 받아온 군대에서도 저항이 시작되었다. 그들은 더 나아가 진정한 게이 문화를 건설하려고 노력하고 있으며, 심지어 특별대우를 해줄 것을 요구하는 사람도 있다. 그들은 또한 미국의 대학 캠퍼스 내에서 다문화주의에 관한 토론에 참여하고 교과과정에 게이학을 창설하기

---

* 프랑스의 유형(流刑) 식민지였다가 해외 영토로 편입된 뉴칼레도니아(Nouvelle-Calédonie)의 토착민(옮긴이).

1. 문화와 정체성의 다양성 재발견

위해 운동을 하고 있다. 반면 보다 최근에는 동성애에 반대하는 이성애(異性愛) 운동이 성립되었으며, 동성애 행동주의자들이 'queer nation'*이라는 표현을 사용하는 것과 마찬가지로 그것을 'transgender nation'이라 칭한다. 이러한 여세를 몰아 여타 범주의 주민들도 소수집단으로 결사(結社)하여 인정을 받고, 그리하여 특수한 권리를 획득하려고 시도한다. 청각장애자나 키 작은 사람들의 모임 같은 집단을 예로 들 수 있다.

  게다가 지난 20여 년은 특히 종교의 문제가 공적 영역으로 회귀한 것이 두드러진다. 다양한 양상을 갖는 이러한 현상은, 특히 케펠(Gilles Kepel)이 잘 분석한 바 있듯이, 오늘날의 소비사회가 보여주는 열광적인 개인주의와 물질주의에 대립되는 것이다. 그런데 기독교 혹은 유태교나 이슬람 전통에서 정치화된 종교적 극단주의와 오늘날 대중매체를 통해 널리 알려진 종파(宗派) 현상은 구별되어야 한다. 우선 모든 종교적 극단주의는 공통적으로 민주적 대화를 거부하고 어떤 수단을 통해서든 자기들의 관점을 강요하려 한다. 예를 들면 미국의 극단적 기독교 우파는 공화당 내에

---

* 'queer'는 원래 '별난, 기묘한'이란 뜻인데, 'homosexual'의 동의어로 사용된다(옮긴이).

침투하려고 시도했으며, 낙태수술을 시행하는 의사들을 살해하는 것도 망설이지 않았다. (이에 대해 종파의 경우, 사회를 자기들 존재에 대한 위협으로 간주하고서 완전히 사회를 떠나는 경우가 많다.) 결국 자신들의 배타성을 사회 전체에 강요하는 것을 목적으로 하는, 종교적이고 영적인 이 운동들은 세속성을 극복하고 동시에 지배적인 종교를 극복하려는 것이다. 이 점에서 볼 때 그러한 운동들은 현재의 다양성의 요소가 되는 동시에 사회를 파괴하고 획일화시키는 것을 기도한다.

다양성의 여러 가지 측면

지난 30~40년간 문화와 정체성에 관련된 주장들은 두 가지의 동질화(同質化) 신화 — 마르크스주의와 자유주의 — 의 실패에서 비롯된 결과이며, 자본주의 경제의 승리로 인해 소비자의 위치로 축소되어버린 인류의 보복이다. 또한 세계화 속에서 길 잃은 개인들의 의미 추구 혹은 지표 추구이다. 그것은 분명 공적 영역을 경계짓고 그 구분을 제어하는 국가의 능력이 감소되었음을 보여준다. 점점 더 많은 집단이 새롭게 주어진 결사의 기회를 손에 넣기 위해 노력

1. 문화와 정체성의 다양성 재발견

하게 된 것이다.

문화 그리고 정체성과 관련된 이러한 주장들이 등장하게 된 역사적 배경에는 국가가 물질적이고 상징적인 자원의 재분배자로 기능하고 불평등과 차별에 맞선 투쟁에 공식적으로 개입한 것을 꼽아야 한다. 이렇게 국가가 개입을 함에도 불구하고 점점 더 불평등해지는 사회·경제적 현실의 간극이 심화될 때, 바로 그러한 주장들이 대두되는 것이다. 서양사회에서 문화와 정체성의 다양성은 사회·경제적 분열이 점차 확대되는 것과 맞물려 공적으로 '가시화'되었다. 결국 이 두 움직임은 밀접하게 연결된 것이다. 공적으로 주창되는 평등의 이상과 실제의 불평등 사이의 간극이 클수록, 개인은 배타적인 문화와 정체성 속에서 피난처를 찾으려 하고 그것을 인정받으려 한다. 반대로 그 간극이 줄어들수록 개인은 개방적인 문화와 정체성을 펼쳐나가게 되고, 그것을 상징적으로 인정받거나 사적(私的)으로 누리는 것에 만족하게 되는 것이다.

오늘날의 사회에서 문화와 정체성의 다양성은 여러 가지 양상을 드러낸다. 국민 내의 소수집단, 원주민, 소수종교 집단, 이민자 집단, 성(性)과 '행태'상의 소수집단, 미국의 흑인이나 라틴계 같은 소수 '인종'은 제도화된 국가로 조직된 추상적 국민과 개인 사이에 수많은 중개 공간을 이룬다. 이 집단들은 언제나 공적인 인정을 요구한다. 물론 가장 약하게는 단순히 상징적인 인정을 요구하지만, 그 극단에는 사회 안에서 다른 집단과 구별되는 실체로, 심지어 전적인 주권(主權)을 주장하며 사회와 분리된 실체로서 인정받기를 요구하는 데까지 가기도 한다. 그 중간단계로 특별대우정책이나 특권 주장이 있다. 국민과 국가의 우위는 그대로 받아들이는 집단도 있지만, 어떤 집단은 국민과 국가를 해체시키기 위해 노력한다. 개방적 정체성을 제시하며 대화를 선택하는 경우도 있고, 또 순수성과 배타성을 부르짖으며 자신들의 공동체에 폐쇄적으로 집착하기도 한다. 이들은 결국 문화와 정체성의 '게토'를 만들어내는 것이다. 진정으로 평화적인 집단도 있고 반대로 폭력의 힘을 빌리는 집단도 있다. 어떤 집단은 장기간 지속하고 또 어떤 집단은 일시적으로 존재하다 사라져버린다.

이러한 집단들은 형성되고 변모되며, 나타나고 사라진다. 그리고 국민국가의 원칙에 연결된 문화와 정체성의 동질성을 숭배하는 대다수의 사람들이 생각하는 것보다 훨씬 더 다양화된 사회의 일상을 형성한다. 그리하여 우리는 이른바 단일문화적 사회와 다문화적 사회의 구별은 신화에

1. 문화와 정체성의 다양성 재발견

지나지 않을 뿐임을 깨닫게 된다. 실제로 모든 인간사회는 다문화적이며, 단지 그 방식이 모두 다를 뿐이다. 그러므로 사회의 다양성을 부정한다는 것은 옳지 않은 태도이다. 그렇다고 해서 다양성이 사라지는 것은 아니기 때문이다. 또한 무엇보다도 어떤 사회와 문화는 우리가 그것을 무시할 경우 과격주의에 빠져버리게 되고, 그럼으로써 사회적·정치적 통합에 대한 위험이 될 수 있기 때문이다. 결과적으로 순수성의 논리에 표류하지 않도록 우리의 사회를 보호하기 위해서는 다문화주의를 수용해야만 한다.

이제 이 시대에 중요한 문제는 다문화적인 사회를 건설하느냐 아니면 문화적으로 동질적인 사회를 건설하느냐의 양자택일이 아니다. 모든 사회는 그 구성원과 역사에 맞추어 적응된 다문화주의와 함께 기능해야 한다. 문화와 정체성의 다양성을 어떻게 정치적 통일과 사회적 통합과 조화시키는가 하는 동일한 문제가 대서양의 양끝, 유럽과 북미에서 대두된 것이다.

2
경제적·이념적 갈등에서 문화전쟁으로?

 앞에서 언급한 대로 문화와 정체성의 다양성을 재발견하는 것은 현재의 사회적·정치적 동력을 이해하고 분석하는 데 있어서 풍요로운 전망을 제공할 수 있을 것이다. 하지만 실제로는 그 반대의 위험이 모습을 드러냈다. 문제는 수십 년간 무시되어온 문화와 정체성들을 갑자기 아무 망설임 없이 냉전 이후의 세계를 해독하는 유일한 열쇠로 삼는 사람들이다. 그들은 세계를 지나치게 '문화화'하고 있으며, 그렇게 되면 문화적 범주라는 프리즘은 본래의 모습을 왜곡시켜 보여줄 위험이 있다. 그들의 주장을 받아들인다면, 오늘날 우리 앞에 펼쳐지는 수많은 분쟁은 전적으로 문화적인 변수로 설명될 수 있다.

　우선 문화와 문명 간의 전면전을 예언하는, 그 정도의 차이는 있지만, 우리의 경각심을 일깨우는 예언들이 바로 모든 것을 문화로 환원시키는 그런 입장을 구체적으로 보여준다. 또한 문화적 차이가 유럽 통합에 있어서 최대의 걸림돌이 된다고 주장하는 분석에서도 드러난다. 그와 같은 입장에 따르면 다문화주의 국가가 실패하는 것은 당연하고 피할 수 없는 일이다. 마지막으로 사회·경제적 불평등의 재편은 고려하지 않은 채, 서양 사회가 인종적·문화적으로 파열될 위험만을 강조하는 것 역시 이 세계를 극단적으로 문화화하려는 경향의 일환이다.

　인류의 역사는 진정, 국가 층위에서 혹은 그 상위 층위에서, 경제적이고 이념적인 연대(連帶)나 갈등, 전쟁이 쇠퇴하고, 그 대신 문화적 연대나 갈등, 문화전쟁이 일반화된 시기에 이르렀는가? 실제 현실은 너무도 복합적이어서 한 가지 패러다임으로 완전히 파악한다는 것은 불가능한 일이다.

경제적·이념적 갈등은 끝났는가?

　많은 저서들이 지난 수십 년은 후기 산업사회로 이행하

2. 경제적·이념적 갈등에서 문화전쟁으로?

는 시기였다고 말한다. 산업사회에서는 수직적인 계층구조 때문에 경제적·사회적·정치적 불평등이 생겨났으며, 노동자 계층은 사회주의 이데올로기에 힘입어 특히 노동조합을 통해 조직화되면서 그러한 불평등에 저항했다.

하지만 후기 산업사회에 이르러서는 점점 더 세계화되는 서비스와 기술, 정보, 이런 것이 경제를 결정하게 된다. 기술의 발달과 세계적 경쟁이 맞물려서, 산업화된 국가들에서 아주 여러 분야의 고용이 사라지게 되었다. 기업들은 특히 급여나 사회보장과 관련하여 생산조건이 유리한 지역으로 투자를 돌렸다. 때로 지역에 따라 협상력을 발휘하여 능력 있는 새로운 산업에 승부를 걸면서 경제적인 변신을 시도하기도 했지만, 탈산업화로 인해 사라진 만큼의 고용이 창출되지는 못했다. 또한 사정이 그다지 좋지 못한 다른 지역들은 공황이 휩쓸고 간 경제 불모지, 산업혁명의 박물관이 되어버렸다. 주민들은 일자리를 잃고도 아무 대책이 없었으며, 결국 지하경제 그리고/혹은 비공식 경제에서 생존법을 찾아낼 수밖에 없게 되었다. 이런 상황에서 미래라는 개념은 아무런 의미도 가질 수 없다. 대도시, 그리고 그 외곽지역의 주민들의 삶이 상당히 불안정해졌으며, 그들 중에는 당연히 이민 노동자의 후손들이 많다. 산업화 국가의 사용자에 의해 고용된 이민 노동자들이 노동자 계층의 주요 구성원이었기 때문이다. 또한 거대한 생산중심지가 와해되어가는 와중에 노동운동의 인간적 기반이 축소될 수밖에 없었고, 따라서 그 힘도 점차적으로 약화되었다. 마르크스주의와 사회주의의 영향을 받은 이데올로기들은 1970년대와 1980년대에 조금씩 그 입지를 상실했다. 자유주의(libéralisme)만이 승승장구하며 '유일한 사상'이 된 것이다.

이렇게 해서 후기 산업사회에 이르러 이념적 대립은 거의 사라져버렸다. 마찬가지로 노동자 계층은 이제 파편화된 산업단지에 잔류하는 정도이다. 결과적으로 노동운동은 그 영향력뿐 아니라 존재 이유마저도 상실하게 되었다. 이제 사회적 갈등은 산업의 영역을 떠나 생활지역으로 이동했다. 즉 버려진 도시 중심부, 혹은 사회로부터 '배제된 자'들이 밀집한 도시 외곽지역으로 이동한 것이다. 그와 함께 사회적 갈등은 계층의식의 문제라기보다는 어느 인종과 문화에 속하느냐의 문제가 되었다. 어떤 점에서는 이념적으로 그리고 정치적으로 의식화된 노동자 계층이 이어오던 정의와 평등을 위한 투쟁이 사라지고, 그 자리에 체계(體系)와 그 부(富)로부터 완전히 배제된, 방향을 잃은 개인들의 대립이 생겨난 것이다. 그들에게는 결국 민족적·문화적·종

2. 경제적·이념적 갈등에서 문화전쟁으로?

교적 정체성만이 피난처가 되며, 때로 그러한 정체성을 중심으로 결집하려 한다. 좀더 단순하게는 이러한 분석으로부터 우리는 이렇게 단언할 수 있다. 후기 산업사회에서 민족적·문화적 연대, 역학, 갈등은 이전의 산업사회에서의 계층적 연대, 역학, 갈등과 동일한 위치에 있는 것이다.

'민족문화' 패러다임은 이와 같이 급격하게 그리고 환원적으로 '계층' 패러다임을 대치하는 것처럼 보인다. 하지만 문화와 정체성의 재발견이 필연적으로 사회계층의 중요성의 소멸로 이어지지는 않는다. 이 점에 있어서, 공산주의 체제가 몰락하고 마르크스주의적 이데올로기가 쇠퇴하며 노동운동의 영향력이 상실되었다고 해서 기술(記述)과 설명의 범주로서의 사회계층이 소멸된 것으로 생각해서는 안될 것이다. 물론 경제적 변동이 위의 세 가지 경향으로 나타나는 것은 분명하고, 이전에 존재하던 대로의 노동자 계층은 분명 쇠락하고 있다. 하지만 사회계층과 계층의 불평등은 언제나 새로운 방식으로 재편되지 않겠는가? 전반적으로 노동조합의 힘이 재조정된 것은 사실이지만, 문화전쟁이라기보다는 계층간의 갈등에 속하는 수많은 사회투쟁이 개진되고 있지 않은가? 우리는 그 예를 지난 몇 년간의 현실에서 상당수 찾아볼 수 있다. 영국의 부두 노동자, 한국의 노동자, 벨기에의 르노 자동차 공장 폐쇄, 교육과 보건의 분야별 갈등 등이 있다. 결론적으로 경제적이건 문화적이건 사회로부터의 배제는 사회적 위계와 계층의 재편에 덧붙여지는 것이지 그것을 대신할 수는 없는 것이다.

이러한 분석에 있어서의 문제점은 한 사회계층은 언제나 문화적으로 동질적이라고 생각하게 된다는 것이다. 하지만 실제에 있어서 각 계층은 전혀 동질적이지 않으며, 이민은 그 주된 한 가지 원인이 된다. 노동자 계층은 그 내부에서 문화적·민족적·인종적으로 분리되었으며, 그리하여 프롤레타리아의 보편주의에 의문이 제기되기도 했다. 이민을 통해 형성된 공동체 내에서 오늘날 사회적이고 경제적인 단층화가 진행되었으며, 몇몇 강경파가 주장하는 것처럼 사회적 연대감이 파괴되고 있다. 프랑스에서는 새로운 '뵈르주와지'*가 등장했다고들 말하는데, 이러한 '뵈르 부르주와지'는 열악한 프랑스 도시 외곽지역의 마그렙* 출신 젊은이에 대한 고정된 이미지로부터 차별화되기를 원한다.

---

* 'beurgeoisie'는 'beur'와 'bourgeoisie'의 합성어이다. beur는 프랑스에 이민 온 부모에게서 태어난 마그렙(Maghreb) 젊은이들을 말하고, 따라서 'beurgeoisie'는 사회적으로 부르주아지 계층에 편입된 이민자 후손들을 말한다(옮긴이).

* 마그렙(Maghreb)은 모로코, 튀니지, 알제리를 포함하는 북아프리카 지방을 말한다(옮긴이).

2. 경제적·이념적 갈등에서 문화전쟁으로?

영국에서 역시 인도 출신의 상업가 엘리트들이 인도에서 온 가난한 이민 노동자, 사회로부터 '배제된 자'들에 대해 연대감을 느낀다고는 말할 수 없다. 미국에서도 흑인의 3분의 1 정도가 사회적·경제적으로 상당한 성공을 이루었는데, 그들이 대도시의 흑인 게토 그리고 사회에서 배제된 자들과 공동체를 형성하는가는 이론(異論)의 여지가 많다.

따라서 사회적으로 어떤 계층에 속하는가 하는 문제와 민족적·문화적 정체성의 관계를 검토할 필요가 있다. 그 관계 맺음은 사회의 역학과 도시정책 모두에 영향을 미치는 것이다. 이전의 논의에서 문화적인 측면이 도외시되었던 것과 마찬가지로 이제 사회적인 측면을 가려버리게 되면, 우리의 지식은 진보할 수 없을 것이다. 그리고 사회의 통합을 향상시키는 데 아무런 도움이 되지 못할 것이다. 하지만 어떤 사람들은 지금 인류가 전세계적으로 혹은 상이한 사회들간에 문화와 문명의 전면전으로 치닫고 있다고 계속 주장하고 있다.

문화와 문명의 전면전으로?

사무엘 헌팅턴*이 그러한 주장을 열렬히 지지하는 학자

중 한 사람이다. 그는 문화와 문화적 정체성이란 결국 어떤 문명에 귀속되는가의 문제로서, 냉전 이후의 세계에서 통합, 붕괴, 갈등의 주요 도식을 형성한다고 말한다. 그의 말에 따르면 역사상 처음으로 분명히 구별되는 아홉 가지 문명에 근거한 세계질서가 대두되었다. 서양의 보편주의적 주장이 존속하는 가운데 비서양의 문명들이 고유문화를 강력히 재천명하게 되었고, 이러한 갈등으로 인하여 전세계적인 '문명 충돌'의 위험이 가중되고 있다는 것이다.

하지만 세계가 문화의 전면전을 향해 치닫고 있다는 이러한 주장은 지나치게 단순화된 논리일 것이다. 실제 그러한 주장은 어느 곳에서도 증명된 바 없다.* 물론 민족적·문화적 양상을 띠는 갈등을 과소평가해서는 안되지만, 문화적 다양성이 현재의 갈등과 난국의 유일한 이유라고 생각

---

* Samuel Huntington. 하버드 대 석좌교수로, 미국적 주류를 대변하는 정치학자이다. 냉전의 종식 이후 국제정치에서 가장 첨예한 분쟁은 문명의 충돌에서 기인한다는 것이 그의 저서 『문명의 충돌(Clash of Civilizations and the Remaking of World Order)』(1996)의 기본입장이다(옮긴이).

* 이 저서는 9·11 테러 이전에 쓰여졌다. 미국의 패권주의를 지지하는 자들에게는 9·11 테러는 자연스레 헌팅턴의 『문명의 충돌』의 논제를 증명하는 것으로 간주된다. 에드워드 사이드(Edward Said)는 그 논리의 오류를 비판한다(Cf. 『도전받는 오리엔탈리즘(The Crisis of Orientalism)』, 2001)(옮긴이).

2. 경제적·이념적 갈등에서 문화전쟁으로?

하는 것은 옳지 못하다. 민족적이고 문화적인 것처럼 보이는 갈등 뒤에는 흔히 경제적인 문제, 경제적인 이유가 숨어 있다. 이런 점에서 문화적 갈등은 사회·경제적 갈등과 불평등의 원인이 된다기보다는 오히려 그 결과인 것이다. 게다가 문명들간의 경계는 헌팅턴이 주장하는 것처럼 그렇게 분명하지는 않다. 그것은 실제 역사적으로 이슬람 문명과 유럽 문명이 얼마나 가까웠는가를 보면 증명되는 것이기도 하다. 또한 헌팅턴은 각각의 문명 내부에도 정도의 차이는 있지만 문화적 다양성이 관찰된다는 사실을 무시하고 있다. 예를 들어 싱가포르와 방콕은 모두 아시아 문명권에 속하지만, 사회구성이나 문화는 상당히 이질적이다. 또한 유럽 내의 나라들간에도 엄청난 차이가 존재하며, 유럽과 미국 사이에도 마찬가지다. 실제 유럽에는 미국의 문화적·정치적 지배를 거부하는 사람이 많다. 더 나아가 헌팅턴은 상이한 문명권에 속하는 국가들간의 연합의 가능성을 무시하고 있다. 그것은 걸프전 때 실제로 있었던 일로, 당시 서양 문명권의 국가들은 이슬람 문명권의 국가들과 연합하여 다른 회교도들과 전쟁을 치렀다. 결국 우리는 헌팅턴과 정반대되는 결론에 도달할 수 있으며, 따라서 문명들간의 관계가 증대된다고 해서 문명간의 갈등이 일반화되는 것은 아니라고, 오히려 총체적인 코즈머폴리터니즘(cosmopolitanism)에 이를 수 있다고 주장할 수 있을 것이다.

문화적 다양성은 유럽 통합에 걸림돌이 되는가?

제2차세계대전 이후에 시작된 유럽 통합은 여전히 진행 중이다. 하지만 미래의 유럽을 위한 분명한 총체적 계획을 둘러싼 완전한 합의가 도출된 것은 아니다.* 유럽 통합의 걸림돌은 여러 가지가 있다. 그중에서도 유럽 대륙의 문화적 다양성이 주요한 장애물로 지적되어왔으며, 그것은 특히 정치적 측면에서 좀더 통일된 유럽 공동체를 건설하는 데 있어서 방해가 되는 주된 문제점으로까지 제시되곤 했다. 그리스정교를 믿는 그리스의 농부와 프로테스탄트인 영국 시민처럼 서로 동떨어진 개인들이 동일한 정치적 공간에 소속되는 것이 가능한가? 이에 대해 직감적으로 주어지는 답은 부정적이다. 게다가 머지않아 유럽연합을 동구 지역까지 확장시키게 되면 이러한 다양성은 더욱 증대될

---

* 제2차세계대전 이후 주로 경제협력을 중심으로 추진되어온 유럽 통합은 1990년대 마스트리히트(Maastricht) 조약 이후 급진전되었고, 2002년 1월 1일부로 단일화폐 유로(Euro)화의 사용이 의무화되면서 새로운 국면에 접어들었다(옮긴이).

것이며, 이런 견지에서 볼 때 강력하게 통합된 정치적 유럽이란 개연성이 없어 보인다.

문화적으로 동질적인 정치적 통일성 건설을 둘러싼 긴장을 해결하기 위해서 유럽에서는 주로 두 가지 접근방식이 시도되었다. 두 가지 모두 유럽을 하나의 단일문화적 총체로 만들고, 그리하여 유럽이라는 국민국가를 건설하는 것이 가능하도록 하는 것이 목표이다. 실제로 어느 어느 나라의 국민이라는 차이를 넘어 신성불가침의 유럽문명 ― 유대교·기독교적(judéo-chrétiens)이고 인본주의적인 지식에 근거하는 유럽정신, 헬레니즘과 헤브라이즘의 유산을 통해 수많은 세월에 걸쳐 형성된 특수한 유럽정신 ― 이 존재한다는 생각을 옹호하는 사람도 있다. 유럽문명을 이루는 문화요소들의 확고한 중심 핵이 존재한다는 이러한 입장은 곧 '유럽성(européanité)'을 한정짓는 것이다. 하지만 그런 식으로 유럽을 정의하게 되면, 공식적으로는 비종교적이지만 이슬람이 주를 이루는 터키 같은 나라는 유럽에 속할 수 없게 된다. 또한 이미 이민자들의 영구체류로 인하여 이슬람교가 유럽의 제2종교가 되어버린 현실에 비추어볼 때 유대교·기독교적인 문화로써 유럽을 정의하는 것은 많은 문제점을 드러낼 수밖에 없다. 이에 대해서 서로 언어를 배우고 또 교육에 있어서 상호교환을 하며, 일련의 정치적 시도를 통하여 번역이나 출판, 분배, 시청각 등 상이한 여러 영역에서 유럽의 문화적 공간을 건설할 것을 제안하는 사람들도 있다. 이러한 관점에서는 유럽은 그 문화와 정체성을 정립해야 하는 운명공동체가 된다.

이렇게 여러 가지 주장과 추구가 맞물리면서 유럽의 정치적 통합은 신속하게 진행되지 못하고 저항에 부딪치고 있다. 사실 국가들간의 객관적인 문화적 차이보다는 오히려 동질적 유럽을 건설하려는 시도 자체가 유럽의 일부 국가 국민들이 집착하고 있는 국민적 정체성과 문화를 위협하는 것이다. 유럽의 정치적 통합이란 유럽의 여러 공동체 국가들이 사라지고 단일한 국민국가로서의 유럽이 대두되는 것이어야 한다고 생각하게끔 하는 태도는 분명 정치적 통합이라는 개념 자체에 대해 불신을 만들어냈다. 유럽은 구성국가들의 민족적이고 문화적인 다양한 정체성을 존중하면서 건설되어야 하며, 유연성 있고 변천하는, 즉 개방적인 유럽적 정체성이 그에 접목되어야 할 것이다. 사실 유럽연합의 국가들 혹은 지역들간에는 엄청난 경제적·사회적 불평등이 존재하며, 그러한 상황은 유럽연합이 심화되는 데 장애가 되고 있다. 부유한 국가, 부유한 지역들은 공동

2. 경제적·이념적 갈등에서 문화전쟁으로?

체적 연대를 통하여 열악한 곳으로 부(富)가 이동하는 것에 문제를 제기하고 있다. 부유한 국가나 지역들은 유럽 통합이 더 나아갈 경우 연대의 메커니즘이 더욱 심화되어 그와 같은 부의 이동이 더 많아질까봐 두려워하고 있는 것이다.

다민족국가의 실패?

지난 10여 년간 많은 다민족국가(États multinationaux)들이 사라졌다. 소비에트 연방의 경우, 그리고 유고슬라비아의 경우 이루 형언할 수 없는 폭력을 치르면서 분리가 이루어졌다. 잔혹한 전쟁을 통하여 민족적·문화적 동질성을 주장하는 새로운 국가들이 탄생한 것이다. 그렇게 해서 많은 소수민족이 대두되었고, 그들의 운명은 상당히 위태롭다. 체코슬로바키아의 경우는 평화적인 방식으로 분할이 이루어졌지만, 그렇다고 해서 아무 문제가 없는 것은 아니다. 사실 대부분의 주민은 아직 체코슬로바키아라는 옛 국가에 매어 있는 상태이고, 그저 일부 정치계층의 의지에 따라 나누어졌을 뿐이다. 다른 다민족국가들 역시 분리주의자들의 거센 압력을 이겨내고 존속할 수 있을지 확실하지 않다. 특히 벨기에와 캐나다의 경우가 그렇다. 벨기에의 경우 플랑드르인과 발론인의 동거는 아주 오래된 문제이지만, 벨기에를 두 국가로 분리하자는 주장은 특히 최근에 활기를 띠고 있다. 캐나다의 경우 몇 차례 퀘벡이 독립국가가 될 뻔했다. 단지 미루어졌을 뿐 결국 퀘벡은 결국 독립할 것이라고 생각하는 사람들도 있다. 심지어 평화로운 스위스마저도 동요하고 있는데, 견고하기로 정평이 나 있는 국민적 통일성이 언어 때문에 문제시되고 있는 것이다.

이러한 변화에 대해서 아주 단순하게, 일견 설득력 있어 보이는 설명을 제시하는 사람들도 있다. 즉 이질적인 국민으로 이루어진 국가는 여러 집단간의 차이로 인하여 실패할 수밖에 없다는 것이다. 국민 내부의 여러 가지 정체성을 초월하는 강력한 국가적 동일성이 생겨나는 것이 불가능하기 때문이다. 결국 사회·정치체제의 안정이 흔들릴 수밖에 없고, 개별주의적이고 분리주의적인 주장들이 자유롭게 대두된다는 것이다. 어떤 점에서 이러한 주장은 상이한 국민집단이 동일한 한 국가를 공유하는 것은 오직 전제국가에서만 가능하다는 주장과 다르지 않다. 특히 소비에트 연방과 유고슬라비아의 붕괴에 관한 연구는 두 주장이 맞닿는 것을 보여준다. 소비에트 연방의 경우 고르바초프의 개혁 추진 과정에서 전제주의가 약화되면서 스탈린 시대에

2. 경제적·이념적 갈등에서 문화전쟁으로?

소멸되었던 민족적·국민적 특수성이 다시 등장하게 되고, 그것이 소비에트 제국의 멸망을 불러온다. 유고슬라비아의 경우 독재자 티토의 종말은 곧 '유고슬라비아주의'의 종말이고, 권력의 공백을 깨달은 크로아티아와 슬로바니아가 잠에서 깨어나 세르비아의 굴레를 벗어 던지려 한 것이다. 소비에트 연방이 해체될 것임을 예견했다고 주장하는 사람들도 있다. 사실 이러한 견지에서 볼 때 소비에트의 해체는 너무도 당연한 일일 것이다. 여러 민족국가로 이루어진 국가는 문화적 통합의 부재로 인해 결국 사라질 수밖에 없다는 것이 그들의 주장이기 때문이다. 그것은 말하자면 정치사(政治史)의 진정한 법칙인 것이다. 이러한 접근은 각 민족 공동체가 독립된 국가를 갖는 것이 정상적이고 또 논리적이라고 간주한다. 그러므로 여러 민족이 동일한 한 나라 안에 공존하는 것은 비정상적인 일이고 지탱하기 어려운 일이 된다. 언제나 정치적 불안과 갈등이 존재하며, 결국 문화적으로 동질적인 단일민족이라는 정치적 실체로 회귀하게 되는 것이다.

문제는 이러한 입장에 근거한 분석이 단일민족국가의 쇠락은 설명하거나 예측할 수 없다는 것이다. 우선 단일민족이든 아니든 오늘날 모든 국가들은 근대성의 세례를 받아 형성되었다. 그렇게 새롭게 등장했던 것과 마찬가지로 또 언젠가 사라질 수 있는 역사적 산물이며, 그러므로 자연적으로 주어진 영원한 것으로 생각할 수 없는 것이다. 둘째로 모든 단일민족국가가 처한 문제와 실패에 일률적으로 적용될 수 있는 총체적 설명을 찾는다는 것은 무의미한 일처럼 보인다. 매 경우가 각기 특수한 역사와 조건의 결과인 것이다. 셋째, 다민족국가의 쇠락이 그 민족적·문화적 다양성에 의해 야기된 갈등의 산물인가, 그보다는 오히려 경제적 파산과 권력투쟁으로 인한 체제의 몰락을 계기로 민족적·문화적 갈등이 폭발한 것이 아닌가 생각해볼 수 있다. 소비에트와 유고슬라비아의 경우 경제적·정치적 위기로 인해서 러시아와 세르비아의 경제적·정치적 지배권을 다른 민족집단이 더 이상 받아들이지 못하게 된 것이다. 벨기에의 경우 객관적으로 볼 때 플랑드르와 발론 사이의 문화적 차이는 물론 존재하지만, 그다지 크지는 않다. 반면 국가 내의 권력의 차이는 20세기 후반이 되면서 오히려 플랑드르 쪽으로 기울고, 경제적 차이 역시 플랑드르 쪽으로 기울면서 심화되고 있다. 이러한 조건에서 두 집단의 동거와 연대에는 더욱 큰 문제가 따르게 된다. 두 집단을 분리하려는 유혹을 서슴없이 문화의 문제로 귀결시키는 사람도 있지만,

문화적 차이만으로 다민족국가의 몰락이 설명되는 것은 아니다. 경제적·정치적 불평등이 문화적·민족적 차이에 접목될 때 정치적 갈등과 불안이 일어날 가능성이 높아지는 것이다. 넷째로 국가 안의 민족적·문화적 이질성과 민주주의의 관계 역시 다양한 입장에서 좀더 자세히 설명되어야 한다. 벨기에와 스위스는 다민족국가가 민주적일 수 있다는 것을 증명한다. 반대로 크로아티아 같은 단일민족국가는 그 전신인 전제적 다민족국가만큼이나 민주적이지 못하다.

그러므로 여러 민족집단이 이루는 국민국가의 몰락을 문화적 변수로만 돌리고 그러한 현상이 불가피한 것이라고 주장하는 것은 지나치게 단순한 입장이다. 경제적·문화적·정치적 요인이 맞물려 있는 것이다.

민족적·문화적 분열과 경제적·사회적 불평등

유럽과 북미에서 원주민, 소수민족, 이민자 집단으로 인해 야기된 민족적·문화적 분열에 관한 우려가 광범하게 공적인 논의의 대상이 되고 있다. 미국 국민이라는 개념 자체를 문제삼는 혁명적 입장에 대해서 우려를 표하는 사람도 있다. 공동의 집단적 목표에 참여한 개인들로 이루어진 국가로서의 아메리카는 소멸되고 있으며, 공동체들의 병치, 침범할 수 없는 경계로 특징지어지는 민족·문화적 '게토'의 병치로 이루어진 사회로 대치되려고 하는 것이다. 이 집단들은 공동의 이익이라는 관념은 저버린 채 자기들의 정체성과 이익을 수호하고 증진시키는 데만 몰두하고 있다. 미국이라는 국민국가와 그 정체성에 대한 이러한 위기는 다문화주의와 그 옹호자들, 즉 적극적인 흑인 행동주의자, 이민자, 아메리카 인디언, 동성애자 등에서 비롯된 것이다. 그들의 목적은 다수의 민주주의 법 대신에 소수의 전제(專制)를 주장하는 것이다. 심지어 미국 역사상 두번째 내전, 민족전쟁, 인종전쟁이라고 말하기까지 한다. 때로 미국의 '발칸 반도화'라는 표현이, 그 안에 담긴 상징적 무게 그대로 사용되기도 한다.

서유럽에서 다문화주의에 관한 논의는 국가마다 다르다. 그렇지만 국민적 단일성과 정체성과 관련하여 문화적으로 상이하다고 인지되는 이민자들의 존재는 문화적·민족적 분열 위험과 관련한 의문을 제기한다. 어떤 사람들은 유럽의 '제3세계화', '이슬람화'라고 말하며, 또 어떤 사람들은 프랑스라는 나라가 과연 미래에도 존재할 수 있는가 질문한다. 또 어떤 이들은 벌써 미국식 표류의 망령을 보고

2. 경제적·이념적 갈등에서 문화전쟁으로?

있다. 오랫동안 오직 경제적인 요인으로만 인식되어오던 이민자의 문제, 보다 정확히는 그 후손들의 문제는 이제 문화적 요인으로 간주되어, 해석에 따라서는 '우리'의 문화를 풍요롭게 하기도 하고 또 위험에 빠트리기도 하는 것이다. 일반적으로 이민자들의 후손 집단에서 비롯되는 문화와 정체성의 인정 요구는 잘 받아들여지지 않는다. 국민통합을 해치는 공격일 수 있다는 두려움 때문이다.

하지만 서구사회를 '그 기저를 형성하는 진정한 국민'과 이민자들의 후손인 '가짜 국민' 간의 문화적 투쟁의 장으로 간주하는 것은 다시 한번 지나치게 환원적인 생각인 것 같다. 이민자들의 후손들로부터, 예를 들면 종교의 영역에서, 문화적인 요구들이 나오는 것은 사실이다. 하지만 그러한 요구는 일반적으로 사회에 통합되고 참여하려는 의지의 표현이다. 극히 드문 예로 정체성과 관련된 주장들이 분리주의적인 유혹을 반영할 수 있고 민족적·문화적 분열의 위험을 나타낼 수 있지만, 그 중요성과 영향력을 과장할 필요는 없다.

유럽과 미국에서는 부유한 자와 가난한 자, 시내 혹은 열악한 변두리와 윤택한 거주지역 사이의 간극이 점차 심화되어 도시구획을 결정짓고 있다. 미국의 몇몇 대도시는 도시 전체에 고용이나 서비스(은행, 상점, 우체국, 학교 등) 혹은 하부구조가 전무(全無)한 곳도 있다. 공권력은 그러한 지역을 방치한다. 주민은 대부분 흑인이거나 최근 이주한 이민자들로, 사회보장의 덕으로 근근히 살아가거나 온갖 거래를 통하여 간신히 삶을 이어간다. 범죄율이 높고 치안이 불안할 수밖에 없다. 그 바로 옆에는 흔히, 흑인이 주를 이루든 백인이 주를 이루든, 널찍하고 안락한 거주지역이 있다. 치안은 사설 경비업체가 담당한다. 유럽에서도 대부분의 대도시들은, 물론 미국의 예처럼 극단적이지는 않지만, 어느 정도 상황이 비슷하다. 민족적·인종적 격리가 미국에서처럼 심각한 경우는 드물다고 해도, 결국 두 사회 모두에서 '사회적 차별정책(apartheid)'이 점점 뿌리내리고 있는 것이다. 사회통합과 관련하여 볼 때 이러한 현상은 문화적 인정을 주장하는 요구들보다 훨씬 더 위협적이라고 할 수 있다. 더욱이 유럽의 여러 나라에서 유행한 '배제'라는 주제는 사회적·경제적 불평등 총체를 다 포괄하지는 못한다. '포함된 자'들간에도 엄청난 차이가 있다. 마이크로소프트사의 사장인 빌 게이츠와 패스트푸드 체인점의 파트타임 고용자가 후기 산업사회 내에 동일한 방식으로 포함되지는 않는 것이다.

2. 경제적·이념적 갈등에서 문화전쟁으로?

결국 사회적·경제적 분열을 무시한 채 소수민족과 이민자들의 주장에서 비롯되는 문화적·인종적 분열의 위험을 강조하는 데는 모종의 저의가 있는 것처럼 보인다. 사회로부터의 배제가 상대적으로 소수인종과 이민자들에 많이 관련된다고 해서, 다른 범주의 주민들과 무관한 것은 아니다. 어쨌든 점차 증가하는 사회적·경제적 고랑은 사회의 통합과 민권에 역행하는 것이다. 이에 반해 문화적 다양성과 정체성의 요구들은 언제나 그렇지는 않다.

결국 현재 공적인 논의에 있어서 문화와 정체성의 다양성을 문제시하는 태도는 적합하지 않은 것 같다. 인류의 역사가 경제적이고 이념적인 연대, 갈등, 전쟁이 아니라 문화적인 연대, 갈등, 전쟁이 일반화된 시대에 이르렀다는 것은 그 어느 누구도 증명할 수 없다. 좀더 섬세한 분석을 통해서 여러 차원을 연결하고 관계 맺는 것이 필요할 것이다

마찬가지로 문화적 다양성에 관한 논의가 사회적이고 경제적인 진정한 문제들을 가려버리는 가짜 문제라는 결론을 내리는 것도 옳지 않다. 문화와 정체성의 다양성과 관련된 문제들은 사회적·경제적 불평등과 마찬가지로, 실제적인 문제인 것이다.

3
문화 그리고 정체성의 다양성에 관한 국가 차원의 대책

　모든 인간사회는 이질적이며, 그 문화와 정체성의 다양성을 각기 특수한 모습으로 드러낼 것이다. 철학자 킴리카(Will Kymlicka)는 두 가지 유형의 다문화사회를 구별했다. '다민족(multinational)' 사회와 '복합인종(polyethnique)' 사회가 그것이다. 전자의 경우 기존의 문화적 실체들이 새로운 한 국가 속에 통합되는 과정에서 문화와 정체성의 다양성이 발생한다. 따라서 이때의 새로운 국가는 흔히 소수집단과 다수집단으로 칭해지는 국민집단들로 구성된다. 그와 달리 '복합인종' 사회의 문화적 다양성은 대규모 이민으로 형성된 인종집단에서 비롯된다. 그러한 집단은 국가가 처음 생겨날 때부터 존재한 것이 아니고, 따라서 그 국민을 이루는 구성체로 간주되지 않는다. 이러한 분류는, 예를 들어 미국의 흑인집단은 둘 중 어느 것에도 해당되지 않는다는 점에서 불완전하지만, 인간사회 안에 존재하는 다양한 정체성으로 형성된 다문화적 현실을 이해하게 해준다.

어느 사회에나 이질성이 존재하지만, 모든 사회가 그러한 내재적 이질성을 인정하는 것은 아니다. 오히려 다양성이 소홀히 취급되고, 심지어 무시되면서, 반대로 문화적 단일성을 이루는 요소들이 강조되는 경우도 있다. 스스로의 이질성을 의식하는 사회는 각 사회 고유의 문화적 다양성의 상(像)을 형성하며, 무엇보다도 합법적인 것과 그렇지 않은 것을 구별하면서 문화적 정체성을 인정하는 다양한 규칙을 갖게 된다. 다시 말하면 모든 사회는 그 안에 자리잡고 있는 문화적 다양성과 복수적인 정체성을 관리하기 위하여, 명시성의 차이는 있지만, 규칙과 정치적 개입의 양식을 만들어내는 것이다.

다양성을 관리하는 국가 차원의 추상적 '모델'들은 흔히 서로간에 양립 불가능한 것으로 제시된다. 앞으로 보게 되겠지만, '모델'이라는 용어의 사용은 여러 가지 문제를 제기한다. 그렇기 때문에 다민족사회나 복합인종사회의 틀

3. 문화 그리고 정체성의 다양성에 관한 국가 차원의 대책

안에서 좀더 구체적으로 개발된 주된 국가 차원의 접근을 분류해보는 것이 보다 유용할 것이다. 그것은 실제 각 지역에서 사회적·정치적으로 시행되는 것과 국가 차원의 모델 사이에서 관찰되는 간극을 분명하게 드러내줄 것이고, 그럼으로써 양립 불가능한 모델들을 주장하는 사회들 사이에 존재하는 차이점을 상대화하고 완화시킬 수 있을 것이다. 사실 문제의 모델들이 과연 양립 불가능한가는 이미 이론상으로도 문제가 있다. 더욱이 실제 구체적인 현실에서 그 모델들은 흔히 정치·사회적으로 유사하게 시행되며, 사회 내 소수집단들의 입장은 모두 유사하다. 예를 들면 공동체나 민족, 종교 안에 고립됨으로써 문화적 '게토'가 형성되는 현상은 다원주의 사회의 전유물은 아니다. 마찬가지로 개인이 시민으로서 사회에 포섭되는 것이 동화주의 사회의 전유물은 아니다. 다시 말하면 동화를 지향하는 구체적인 경향은 다원주의 사회에서도 나타나며, 다원주의적 경향이 동화주의 사회에서도 나타나는 것이다.

민족적·문화적 다양성에 대한 국가관리 '모델'?

역사상 이민자 통합의 문제와 다문화사회에 대한 논의

는 동화주의 대 다원주의, 개인주의 대 공동체주의, 평등주의 대 차별주의 등의 이원적 대립으로 조건지어져왔으며, 따라서 어느 한 나라에 나타나는 양상은 언제나 그 대립의 한쪽 총체로 귀결되었다. 이러한 대립을 통해 프랑스식의 '동화주의' 모델과 영미 계통의 '다원주의' 모델을 정의할 수 있다. 프랑스에서는 자코뱅주의*적이고 공화주의적 전통에 입각하여 문화적·민족적·종교적 다양성의 문제는 제외되는 경향이 있다. 모든 개인은 그 민족적·인종적 기원에 관계없이 그리고 신앙이나 문화적 관습에 관계없이, 모두가 동일한 권리와 의무를 갖는 것으로 간주된다. 모든 시민은 서로간에, 그리고 법 앞에서 동등하다. 경우에 따라서 개인들이 가질 수 있는 개별적 특수성이나 공동체적 정체성은 전적으로 사적(私的)인 영역이 된다. 공적(公的)인 무

---

* 자코뱅 클럽(Club des Jacobins)은 프랑스 혁명 직전 결성된 정치단체이다. [공식명칭은 '헌법을 지키는 사람들의 모임(Société des Amis de la Constitution)'이다.] 처음에는 입헌군주제를 지향했으나, 루이 16세의 국외 도피 시도 이후 군주제 자체를 부정하는 강경한 입장으로 돌아서면서 온건파들이 갈라져나간다. 이후 '자유와 평등을 지키는 사람들의 모임(Société des amis de la liberté et de l'égalité)'란 이름을 내걸고 산악파(의회에서 가장 높은 곳에 앉았다고 해서 붙은 이름이다. 가장 급진적인 민중민주주의를 주장했다)와 이후 공포정치에 이르기까지, '자유, 평등, 박애'의 프랑스 혁명 이념을 수호했다(옮긴이).

3. 문화 그리고 정체성의 다양성에 관한 국가 차원의 대책

대에서는 국민으로서 국가에 속한다는 사실만이 전적이며 배타적이다. 슈내퍼(Dominique Schnapper)가 지적한 대로 오직 '시민공동체', 즉 특히 모든 사람이 수호해야 하는 보편적 가치들을 정의하는 사회계약에 의해서 공통적으로 국가에 결합된 개인들의 총체만이 인정되는 것이다. 반대로 영미 계통의 다원주의적 전통에서는 국가의 관리란 곧 사회를 서로 경쟁하거나 심지어 갈등관계에 있는 민족적·문화적 공동체의 병치의 장(場)으로 삼는다. 이때 각 공동체는 고유의 문화가 사회 전체에 받아들여지게 하려고 노력하며, 공동체의 정체성은 국민으로서의 정체성보다 우세하다. 각각의 공동체는 고유의 특수한 권리를 존중하며, 그 성원을 위해 가능한 한 많은 권리를 요구한다. 그리하여 문화와 정체성의 다양성이 공적인 영역을 침범하게 된다. 한 개인에게 부여되는 권리는 그가 속한 공동체가 공적으로 인정받았는가에 의해 결정되며, 또 권리를 얻어낼 만한 정치적 힘이 있는가에 달려 있다.

그렇다면 이러한 구별이 어떤 점에서 문화와 정체성의 다양성에 관한 국가 차원의 관리 '모델'로 귀결되는가? 이것은 물론 단순화시켜 표현한 것으로, 현재 진행되고 있는 과정을 충실하고 완전하게 그려내지는 못한다. 이러한 구별은 국민통합에 대한 상이한 철학, 두 가지 이데올로기, 혹은 두 가지 상(像)을 보여주는 것으로, 그 각각의 지지자들은 현실이 그러한 상에 부합되기를 바란다. 다시 말하면 이러한 구별은 이상적이고 완전한 국민공동체 사회의 두 가지 기도를 대립시키는 것이다.

이러한 구별, 그리고 그 두 구성요소는 희화화(戱畵化)되고 지나치게 단순화되어 있다. 전적으로 동화주의적인 사회, 또한 전적으로 다원주의적인 사회는 존재하지 않는다. 그 둘은 서로간의 관계에 의해서만 의미를 갖는, 서로 경쟁하는 이념적 산물인 것이다. 물론 프랑스식의 동화적 이상이 구체적으로 실현된 예를 제시하면서 그 이상이 갖는 힘과 장점을 예찬할 수는 있을 것이다. 하지만 잘못 제시된 다원주의적 대안이 갖는 결점을 제시하는 것은 그보다 더 쉽다. 결국 동일한 방법이 어느 모델에 속하느냐에 따라 서로 다른 의미를 부여받는 것이다. 다시 말하면 이러한 두 모델의 대립을 너무 단순하게 해결해버리면, 과학적 분석이라기보다는 정치담론과 전략의 문제가 되어버릴 것이다.

게다가 이러한 이분법적 성찰은 이념적 굴레로부터 자유롭지 못하다는 점에서, 정도는 다르지만 모든 민주주의 사회에서 볼 수 있는 여러 구체적인 과정들 — 문화와 정체

3. 문화 그리고 정체성의 다양성에 관한 국가 차원의 대책

성의 다양성, 공동체 안으로의 고립이나 공동체간의 연합, 개인의 국민으로의 통합 등— 을 경험적으로 접근하는 데 있어서 좀더 섬세하고 세분화된 분석이 이루어지는 것을 가로막는다. 또한 다원주의 모델 사회에서 일어나고 있는 동화주의적 경향, 그리고 동화주의 모델 사회에서 일어나고 있는 다원주의적 경향을 관찰할 수 없게 만든다. 그럼으로써 동화주의적이라 말해지는 사회, 다원주의적이라고 말해지는 사회…… 이렇게 외관상 상이한 사회들 속에서 실제로는 유사한 상황이 수없이 관찰될 수 있다는 사실을 가려버린다. 그렇게 되면 논의는 고정된 범주 안에 갇혀버리고, 사회의 개념들을 재천명하는 것을 목적으로 하는 이데올로기적 기도의 일환이 되어버린다. 결국 그러한 범주는 사회적 현실에 합당하지 않다. 사실 이민, 그리고 문화와 정체성에 관한 논의는 고도로 정치화되지 않았는가?

결실 없는 대립과 논쟁으로부터 벗어나려면 보다 객관적인 기술로 돌아와야 한다. 그럼으로써 추상적인 국가 차원의 모델과 사회·정치적으로, 흔히 지역적으로 시행되고 있는 것 사이에 존재하는 간극을 분명히 드러내야 할 것이다.

현대사회와 다문화주의

동화주의적 접근

동화주의 사회에서는 국민 내의 잠재적 소수집단이나 이민자들은 다수집단의 사회 속에 융해되며, 문화적 적응이라는 단선적 과정에 힘입어 결국 다수집단과 분리될 수 없는 것으로 간주된다. 이민자와 소수국민집단의 성원은 그 특징과 문화적 정체성을 잃어버리거나, 아니면 사적인 영역에서 은밀하게 보존되는 데 그친다. 다수에 의해 정의된, 다수에 적합한 문화적 도식과 행태들을 그대로 받아들이는 것이다. 그들은 또한 국민공동체에 대하여 완전한 충성을 증명해 보여야 한다. 이러한 문화와 정체성의 전이를 용이하게 하고 가속화하기 위해 국가는 다양한 정책들을 시행한다.

국적과 시민권 정책에 있어서 국가의 방침은 이 경우 국적, 즉 시민권을 쉽게 부여하는 것이다. 동화주의적 사회는 대부분 자기 영토 내에서 탄생한 모든 사람에게 자동적으로 국적을 부여하는 '속지주의(*jus soli*)' 정책을 시행한다. 게다가 귀화 절차도 간단하다. 그것은 새로 온 사람들을 가능한 한 빠른 시일 내에 국민이라는 공동체 안에 포함시키려는 의지를 드러낸다. 역사적으로 미국이나 캐나다, 혹은

3. 문화 그리고 정체성의 다양성에 관한 국가 차원의 대책

프랑스 같은 나라에서 이러한 일반적인 접근을 볼 수 있었다. 국민으로서 프랑스라는 국가에 소속되는 것은 배타적이고 절대적이며, 법은 오직 프랑스인과 외국인을 인정할 뿐이다. 모든 프랑스 시민은 동일한 권리와 의무를 갖는다. '외국 출신 프랑스인'은 합법적인 입지가 없고, 마찬가지로 법은 일반적으로 소수국민집단을 인정하지 않는다.

새로 국적을 취득하는 자들은 공적으로 그 나라의 언어를 사용해야 하며, 그 문화를 받아들여야 한다. 이때 역사적으로 학교와 군대는 동화를 위한 두 가지 제도였다. 어느 시민도 어떤 특수한 문화그룹에 속하는가에 따라 특별한 대우를 받지 않는다. 브르통* 어린이와 아프리카 말리(Mali) 출신 부모를 가진 프랑스 어린이는 동일한 학사 프로그램을 따르며, '우리 조상 골루아'*의 업적을 배운다. 물론 신

---

* 프랑스 북서부 해안의 브르타뉴(Bretagne) 지방의 주민을 말한다. 브르타뉴는 5세기 켈트인이 색슨인의 압박을 피하여 압박을 피하여 이주한 곳이다. 이후 프랑크 왕국의 지배를 받다가 9세기경 한때 독립하기도 한다. 9~10세기 노르만인의 침입을 계기로 브르타뉴공(公) 계승 문제로 영국과 프랑스 간의 분쟁이 있었고, 그 와중에서 브르타뉴는 영국과 프랑스의 지배를 번갈아 받는다. 16세기 이후 프랑스의 영토로서, 켈트인의 전통이 잘 보존된 지역이다. 코르시카와 함께 프랑스 내에서 지역적 정체성이 가장 강한 지역이다(옮긴이).
* 골루아(Gaulois)는 로마인들이 '갈리아'라 부르던 지금의 프랑스 땅에 살던 켈트 족을 말한다. 로마의 지배 이후 게르만 족의 일파인 프랑크 족이 이 지역을 장악하게 된다(옮긴이).

앙의 자유는 존중되지만, 사적인 영역에 속한다. 정교(政敎) 분리(laïcité) 원칙이 종교와 국가의 분리를 공식적으로 확인하고 보장하는 것이다.

다른 모든 영역(고용, 주거, 보건 등)에서 사회정책은 원칙적으로 시민의 문화적·민족적·인종적 기원을 고려하지 않고 시행되며, 또 시민 각자가 타인과 구별되는 특성과 관련하여 제시할 수 있는 특수한 주장들은 고려되지 않는다.

다원주의적 접근

반면 다원주의적 접근은 문화와 정체성의 다양성을 어느 정도 받아들인다. 이민으로 생겨난 소수민족집단이나 소수국민집단, 또 때로는 원주민 소수집단들의 문화적 정체성과 특수성이 공적으로 인정되는 것이다. 물론 단순히 용인되는 경우도 있다. 어느 경우에든 개인과 집단은 자유롭게 결사하여 법을 존중하면서 자기들의 문화와 정체성을 보존할 수 있다. 하지만 국가가, 예를 들면 재정 지원을 통해, 소수집단의 문화를 보존하는 데 도움을 주지는 않는다. 그렇게 해서 미국에서는 각각의 이민자 그룹이 결집하여 언어, 요리, 무용 등의 강의를 만들어 출신 국가의 문화를

3. 문화 그리고 정체성의 다양성에 관한 국가 차원의 대책

유지하고 또 자손들에게 전해줄 수 있으며, 하지만 국가는 이러한 자발적 시도들을 위한 지원 요청은 원칙적으로 받아들이지 않는다. 이와 달리 다문화주의의 영향을 받은 정책의 일환으로 문화와 정체성의 다양성이 장려되는 경우도 있다. 두 경우 모두 각 집단의 문화적 특수성을 포기해야만 모든 영역에 있어서 완벽하게 동등한 권리에 이를 수 있는 것은 아니다.

대부분의 경우 다원주의적 접근에서 국적과 민권정책은 속지주의 개념을 중심으로 상대적으로 개방적이다. 하지만 이 경우는 몇몇 소수집단이 당하고 있는 차별정책에 맞서 싸우기 위해서, 혹은 사전에 이미 사회로부터 배제됨으로써 발생한 불균형을 보상하기 위해서 여러 영역(고용, 교육, 주거 등)에서 특혜정책이 시행될 수 있기 때문에, 그러한 정책의 목표집단을 정의하는 것이 필요하다. 따라서 영국이나 미국에서는 인구조사 때 시민이 어느 민족, 인종 출신인가를 파악하며, 따라서 소수민족에 대한 공식적인 통계를 얻을 수 있다. 프랑스에서는 차별적인 것으로 간주되는 이러한 제도가 반대로 이 나라들에서는 인종차별에 맞선 투쟁의 일환이 되는 것이다. 이 분야에 관해서는 특히 영국의 법률제도가, 세계 최고는 아니더라도, 유럽에서는 가장

뛰어나다.

차별적 포섭/배제

　차별적 포섭/배제라는 접근은 두 가지 유형의 상황과 관련된다. 첫째 어떤 소수집단은 그 존재가 인정되고 또 어떤 집단은 그렇지 않은 경우이다. 예를 들어 벨기에의 헌법은 원래의 벨기에 국민집단을 이룬 지역들과 그 공동체의 존재를 인정한다(플랑드르, 발론, 불어권). 반면 이민에서 생겨난 소수집단은 그러한 유형의 공적인 인정을 누리지 못하며, 그들의 사회 내 포섭은 국가에 의해 엄격히 통제된다. 예를 들어 1960년대에 독일에서 '초청 노동자(Gastarbeiter)'라고 불리던 이민자들은 노동시장의 몇 분야에 별다른 어려움 없이 포섭되었다. 하지만 이민자들이 독일 사회 내에 문화적으로 동화되는 것이 장려되지 않았다. 결국에는 그들이 자기 나라로 돌아갈 것이라고 여겼기 때문이다. 국가는 여러 가지 방법으로 그들의 문화가 유지되는 것을 장려했는데, 그것은 다문화사회의 성립을 위해서가 아니라 반대로 이민자들이 고향으로 돌아가는 것을 도와주고 그럼으로써 독일의 문화적 단일성을 보존하기 위한 것이었다.

3. 문화 그리고 정체성의 다양성에 관한 국가 차원의 대책

이러한 접근을 장려하는 국가들의 경우 국적과 민권정책은 훨씬 더 제한적이다. 국적 부여의 기본원칙은 '속인주의(*jus sanguinis*)' 혹은 혈통에 의한 권리이다. 귀화가 가능하기는 하지만 엄격한 조건이 따르고, 국가에 재량권이 주어져 그 절차가 길고 복잡하며 많은 비용이 든다. 국적의 권리는 외국인들을 사회 내에 포섭하기보다는 배제하는 수단이 되는 것이다. 독일에서는 그 땅에서 태어났더라도 부모가 터키인이면 자녀도 터키인이다.

문화와 정체성의 다양성에 대한 이러한 상이한 접근들이 물론 이 장의 첫 부분에 언급된 추상적 '모델'들을 그대로 구체적인 정책(국적정책, 언어정책)으로 옮기는 것은 아니지만, 그에 연결되어 있는 것은 사실이다. 예를 들어 프랑스식의 공화주의 모델을 옹호하는 나라에서는 동화주의 정책이 논리적이다. 하지만 실제 각 나라의 예를 보면 그 지배적인 모델이 무엇이든 때로는 동화주의적 접근에 의거한 정책들, 또 때로는 다원주의적 접근에 의거한 정책들이 시행되고 있으며, 특수한 차별적 접근에 근거한 정책들이 시행되기도 한다. 실제 현장에서는 문화적 다양성에 대한 접근이 흔히 우리가 생각하는 것보다 훨씬 더 혼합적인 것이다. 따라서 프랑스는 전적으로 동화주의적인 접근을 채택하고 네덜란드는 전적으로 다원주의적 접근만을 택하며, 독일은 전적으로 차별적 접근만을 장려한다고 생각하는 것은, 설사 이 두 나라의 정치담론이 국가 내의 다양성 관리와 국민적 통합을 위한 모델 중 어느 한 가지의 효력을 주장한다고 해도, 지나치게 단순한 입장이다. 게다가 어느 나라나 변화하고 있고, 그때 국민적 통합이라는 추상적 모델보다는 지배적인 구체적 접근을 바꾸는 것이 훨씬 용이하다. 예를 들어 어떤 한 나라가 동화주의적 모델에 그대로 충실하면서도 동화주의적 접근 대신 다원주의적 유형의 정책들의 중요성을 증대시키는 것이 가능한 것이다.

다시 말하면 모든 국가가 문화적 다양성을 관리하는 국가 차원의 한 가지 모델이 갖는 효력을 주창한다 해도, 그러한 모델은 대부분 현실과 괴리되어 있음을 알 수 있다. 특히 다음의 세 가지 측면을 제시할 수 있다. 첫째, 모델과 그 모델에 대한 담론, 그리고 실제 채택된 정책 유형 사이에 괴리가 있을 수 있다. 둘째, 한 나라가 국가 차원의 모델에 관한 담론은 그대로 둔 채 그 구체적인 접근을 다른 것으로 바꿀 때 괴리가 증대될 수 있다. 셋째, 특히 지역 차원에서 사회적·정치적·행정적 시행이 국가의 이데올로기가 단언하는 대로의 통합 모델과 대립되고, 마찬가지로 실제 전개되고 있는 정치적 접근에 맞지 않을 수도 있다.

국가 차원의 모델과 현실의 괴리

문화적 다양성을 관리하는 모델과 그 모델에 관한 담론, 그리고 실제로 채택된 정책 사이의 괴리를 보여주는 예는 많이 있다. 예를 들어 프랑스의 경우를 보자. '공화주의적 모델'에 충실하려면 국가는 원칙적으로 그 어떤 정체성도, 문화적·종교적 개체성도 인정하지 말아야 할 것이다. 오직 프랑스의 시민 개인들이 존재할 뿐이다. 개별적인 문화적·종교적 공동체나 소수집단은 공적으로는 전혀 인정되지 않고, 특별정책이나 특별대우는 시행되지 않는다. 하지만 언제나 실제에 있어서도 그런가? 반대로 국가가 시민공동체 가운데 존재하는 상이한 어떤 정체성을 인정하지는 않는가? 프랑스 유태인 중앙회의 창설은 유태인들의 종교적 정체성을 공적으로 인정한 것으로 간주될 수 있는가? (물론 이것은 그 구성원이 프랑스라는 국가에 통합되는 것을 막지는 않는다.) 국가가 독일과의 국경 지역인 알자스에서의 종교적 특수성을 인정한 정교(政敎) 조약의 경우도 마찬가지이다. 더욱이 몇 년 전부터 프랑스는 이슬람 정체성을 인정하는 절차를 밟고 있고, 이에 대해 유태인에 적용된 모델에 따라 진행되어야 한다고 주장하는 사람도 있다. 종교적 정체성의 인정이라는 문제 외에도 코르시카 문제의 처리가 프랑스식 '동화주의' 모델에 또 다른 돌파구를 만들었다. 국가가 일드보테*에서의 문화와 정체성의 강한 특수성을 부정한다고 단언할 수 있는 사람이 있는가? 그 증거로 프랑스 정부는 1980년대에 프랑스 국민의 성원으로서의 '코르시카 국민'의 개념을 제안하는 데까지 이르렀고, 그것은 통합적 공화주의를 열렬히 수호하는 자들로부터 엄청난 반발을 불러일으킨 바 있다.

 그렇다고 해서 프랑스가 동화주의적이 아니라는 결론을 내리려는 것은 아니다. 단지 통합적 공화주의는 오직 추상적 모델 내에서만 가능하다는 것을 강조하려는 것이다. 현실에 있어서 프랑스는 때로는 다원주의적이라고 일컬어지는 사회에서 흔히 권장되는 정책들과 유사한 정책들을 채택했다. 어떤 정체성은 인정하고 또 어떤 것은 무시함으로써 차별적 포섭 - 배제를 시행하는 사회에 접근한 적도 있다. 분명히 말하면 현실은 담론보다 훨씬 더 복잡한 것이다.

---

* Ile de beauté. 코르시카를 말한다(옮긴이).

3. 문화 그리고 정체성의 다양성에 관한 국가 차원의 대책

　네덜란드에서 시행되고 있는 이민자 통합정책에서도 문화적 다양성과 관련하여 하나의 접근방식에서 다른 접근방식으로 이행한 것을 볼 수 있다. 1970년대 말부터 네덜란드는 무엇보다도 이민으로 형성된 국민 내 집단들의 문화적 차이를 존중하는 데 기반을 둔 소수인종 정책을 시행해 왔으며, 그것은 유럽에서 가장 정교한 형태의 다문화주의 정책으로 정평이 나 있다. 역사적으로 볼 때 관용(tolérance)의 정신 안에서 나란히 살아가는 종교와 사회의 두 기둥으로 구성된 네덜란드 사회는 아마도 이민자들의 문화적 차이를 존중하고 장려하기에 적합한 토양일 것이다. 하지만 1980년대 말에 이르러 네덜란드 정부는 그러한 소수인종 정책에도 불구하고 이민자들과 그 후손이 경제적·사회적으로 점점 더 주변화된다는 것을 알게 되었다. 유사한 사회계층에 속할 때 원래의 네덜란드인보다 실업자 비율이 더 높았고, 주거환경은 더 열악했다. 그리하여 통합정책은 조금씩 동화주의적 양상을 띠게 되었다. 예를 들어 정부는 이민자들로 하여금 의무적으로 네덜란드어를 배우게 하려고 상당한 노력을 기울였다. 이러한 변화는 네덜란드의 다문화주의 사회의 모델에 관한 담론은 변경되지 않은 상태에서 시행되었다.

이와 같이 한편으로는 사회적·정치적으로 시행되는 것, 지역행정에서 실제 시행되는 것과 다른 한편 국가가 개진하는 총체적인 정치적 접근과 또 국가가 옹호하는 추상적 통합 모델 사이의 괴리는 여러 나라에서 발견된다. 프랑스에서도 때로 공식적 담론과 실제 지역적으로 시행되는 것과의 괴리는 상당히 크다. 공식적 담론에서는 자코뱅주의에 연결된 프랑스적 동질성의 신화가 여전히 살아 있고, 실제 다문화주의적 사회를 위한 그 어떤 기도도 없었다. 그저 수 년 전부터 다문화주의가 논의의 대상이 되고 있을 뿐이다. 더욱이 '다문화주의자' 지식인들은 그러한 논의를 제기함으로써 프랑스 국민의 분열을 초래한다는 비난을 받고 있다. 공식적 담론에서는 미국의 '정치적으로 흠 없음(political correctness)'*에 해당하는 공화주의적 '정치적 합당성'이 통용되고 있는 것이다. 하지만 지역 차원에서의 현실은 상당히 다르다. 1980년대 초에 시작된 지방분권화를 통하여 지방정부는 어느 정도의 자율권을 갖게 되었고, 이민자와 그 후손이 제기하는 몇 가지 주장에 부응하기 위하여

---

* 이 표현은 (특히 모든 종류의 소수집단과 관련하여) 실제의 개인적인 신념이 어떻든 공식적으로 표방되는 담론에 비추어 흠이 없음을 나타낸다(옮긴이).

3. 문화 그리고 정체성의 다양성에 관한 국가 차원의 대책

다문화주의적 정책을 단편적으로 시행하는 경우가 많았다. 정치 책임자들은 때에 따라 말을 바꾸기도 한다. 즉 국가적 층위에서는 공화주의적 '모델'을 용감하게 수호하면서, 지방정부로 돌아와서는 거리낌없이 민족공동체의 대표들과 만난다. 그리고 다문화주의를 표방하는 영국에서처럼, 예를 들면 이슬람교를 믿는 이민자들을 위한 기도 장소에 대해 협상을 한다.

더욱이 동화주의 모델에 의거한 정책들은 차별적인 방식으로 적용될 수 있다. 예를 들어 프랑스에서 사회정책 시행에 있어서 민족 쿼터제는 영미 계통의 차별주의적인 특징으로 간주되어 원칙적으로 금지되어 있다. 하지만 실제에 있어서 프랑스 행정당국은 때로 비공식적으로, 특히 공영주택 문제에서, 민족적 기원에 따른 쿼터제를 시행하고 있다. 이것은 이민자, 외국인, 가난한 자들을 분산시킴으로써 그들의 주거가 '게토'화되는 것을 피하기 위해서이다. 결국 공영주택 정책과 같은 명시적으로 평등주의적이고 보편주의적인 정책이 공화주의적 모델에 반하는 집단적인 민족적 범주를 사용하면서 적용되기도 하는 것이다.

마찬가지로 다문화주의적 모델에 의거한 정책들이 행정적으로는 보편주의적이고 동화주의적인 방향에서 적용될 수 있다. 예를 들어 1991년 5월 브뤼셀에서 모로코 출신 젊은이들이 주를 이룬 군중과 경찰이 대치하는 사건이 있은 이후 정부는 이민자 정책 촉진 기금을 설립하였는데, 이 기금은 지역 상황에 따라 때로 놀이터 설치나 도로 보수 같은, 보다 더 많은 주민에게 혜택이 돌아가는 작업에 사용되었다.

　이 모든 예로부터 어떤 결론을 얻을 수 있는가? 각기 동화주의적 모델과 다원주의적 모델의 효력을 주장하며 논쟁을 계속하는 것은 무의미하다는 것이다. 현실에서는 유럽 전역에서 시행되고 있는 사회적·정치적 역학이 균일화는 아니라 하더라도 어느 정도 수렴되고 있다는 것을 볼 수 있다. 프랑스는 스스로 인정하는 것 이상으로 다문화적이며, 마찬가지로 영국은 스스로 주장하는 것보다 훨씬 더 동화주의적이다. 어떠한 통합 '모델'을 주장하든 또한 그것이 어떠한 정책으로 귀결되든, 유럽의 여러 사회는 그 정도는 다르지만 유사한 문제를 겪고 있으며, 그 문제들이 제기하는 도전에 응해야만 한다. 도처에서 사회적·경제적 불평등이 심화되어 일부 주민층(이민자와 그 후손이 상당수를 차지한다)이 피해를 받고 있으며, 또한 도처에서 인종주의가 대두하고 실제 인종차별이 행해지고 있고, 주거지의 격

3. 문화 그리고 정체성의 다양성에 관한 국가 차원의 대책

리가 심화되고 있다. 유럽의 대부분 도시에서 민족·종교에 따른 공동체 안으로의 고립 경향, 문화적 '게토화'의 경향이 나타나고 있는 것이다. 하지만 동시에 개방적이고 다양한 문화적 정체성을 주장하는 일부 젊은 층이 주창하는 코즈머폴리턴적인 경향이 그 반대편에 존재한다. 어느 사회에나 보편주의적 주장과 개별주의적 주장 사이에는 긴장이 존재한다. 그런데 지금까지 우리가 살펴본 모델들은 그러한 긴장을 설명해주지도 못하고, 또 그 해결의 열쇠를 제공해주지도 못한다. 이 막다른 길, 동화주의와 다문화주의 간의 엄격한 대립이 만들어내는 정신적 게토를 벗어나는 것이 어느 때보다도 절실한 것은 바로 그 때문이다.

4
다문화주의란 무엇인가?

 최근 연구차 미국의 한 대학 캠퍼스에 체류하던 중 나는 "다문화주의: 새로운 파시즘"이라는 제목의 강연회에 관심을 갖게 되었다. 강연자는 골수 보수주의 성향의 기자였는데, 그는 다문화주의가 백인과 백인문화를 마치 히틀러가 유태인들을 말살한 것과 마찬가지로 파괴하려 한다는 것을 증명해 보이려고 애썼다. 며칠 후에는 아프리카 민족집단의 일원인 한 지식인이 그 반대로 다문화주의가 미국 사회에서 일어나는 민족적·문화적 분열에 대항하는 유일한 수단이며, 여전히 존속하는 인종주의와 성차별에 맞서 싸우는 유일한 수단이라고 나에게 설명했다. 두 입장 모두 다문화주의가 무엇인가를 분명하게 설명해주지 못한다. 하지만 두 입장간의 거리는 다문화주의라는 용어가 불러일으키는 거의 언제나 격렬한, 때로는 아주 소란스러운 논쟁의 실태를 짐작하게 해준다.

사실 다문화주의라는 용어의 의미는 사용하는 사람에 따라, 그리고 분야에 따라, 학파에 따라, 그리고 국가에 따라 엄청나게 다르다. 다문화주의란 용어가 사용될 때 구체적으로 무엇을 의미하는지가 정확하지 않을 정도이다. 캐나다가 공식적으로 다문화주의 정책을 시행한 이후로 그 용어는 계속해서 퍼져나가게 되었고, 1980년대와 1990년대에는 북아메리카와 남아메리카, 유럽과 오스트레일리아에서 사회과학과 공적인 논의에 있어서 상당한 자리를 차지하게 된다.

다문화주의란 명사는 일반적으로 인간사회의 다양성, 인구학적이고 문화적인 다양화를 설명하기 위해 사용된다. 『프티 로베르(Petit Robert)』 사전은 다문화주의를 간단하게 "한 나라 안에 몇 가지 문화가 공존"하는 것으로 정의한다.

오늘날 대부분의 사람들은 다문화주의를 받아들이고, 다문화적인 현실이 관심의 대상이 될 만하다고 생각한다. 그런 점에서 네이슨 글레이저(Nathan Glazer)가 1997년에

4. 다문화주의란 무엇인가?

출간한 저서에 『우리는 이제 모두 다문화주의자다(We are all multiculturalists now)』라고 제목 붙인 것은 합당해 보인다. 하지만 다문화주의란 용어는 그러한 단순한 관찰을 넘어서는 현실을 지칭하는 것이며, 수많은 사회적·정치적·철학적 답변으로 연결된다. 여기에서 문화와 정체성의 다양성을 어떻게 다룰 것인가의 문제에 대해서는 전혀 상이한 답변들이 돌출되고 있다.

사회적인 시행 : '온건' 다문화주의

특히 대도시에는 문화적 다양성을 극도로 혐오하는 사람들이 있고, 또 반대로 그것을 찬양하는 사람들도 있다. 이민자들에 의해 이국(異國) 문화의 요소들이 도입되면서, 상대적으로 유복하고 중등 혹은 고등의 교육수준에 있는 상당수 도시주민의 삶의 양식과 소비습관이 변모된 것은 사실이다. 한편 한 나라 안에서도 지역문화를 재발견하려는 노력이 심화되고 있는데, 이러한 내적인 이국 취향은 사라진 과거를 되살려 존속시키거나 지역문화의 정체성 — 상황에 따라 정치적이 될 수도 있다 — 을 추구하는 것으로 나타난다. 흔히 어느 '민족 고유'의 요리, 음악, 복식, 철학등이 사람들에게 매력을 제공한다는 데서 우리는 다문화주의에 대한 예찬을 볼 수 있다. 그것은 사회적으로 다양성을 탐구하고 가치를 부여하는 것이다. 다양성은 이제 유행을 타고 있다고 말할 수 있다.

    요리 분야에서는 어느 도시에 '특별 외국요리' 항목에 분류된 식당들이 많으면 많을수록 그 도시는 다문화적이라고 할 수 있다. 유행은 바뀌어가지만 어느 도시에나 중심이 되는 다문화적 요리가 있다. 얼마 전 파리에서는 미국 남서부의 텍스멕스(Tex-mex) 요리*가 유행이었다. 또한 영국의 버밍엄은 가히 인도 카슈미르 지역의 음식인 발티의 본고장이다. 인도 - 파키스탄인이 모여 살고 또 여러 차례 인종문제와 관련된 폭력의 무대가 되었던 가난한 스파크브룩 구역의 세 군데 거리에 모여 있는 식당을 찾아가보는 것은 극단적인 다문화주의의 체험이 될 수 있다. 한편 암스테르담은 지역 특산요리가 없다는 것을 자랑스러워 하며 세계의 요리 거의 모두를 먹을 수 있음을 내세운다. 프랑스와 이태리에서는 진정한 지역 특산요리, 향토요리를 상당히 높이 쳐준다. 파리에서 '진짜' 페리고르* 요리는 무척 비싸고, 마찬가

---

* Tex-mex란 미국 남부의 텍사스 지방에 유행한 멕시코 요리를 말한다(옮긴이).

지로 로마에서 '진짜' 토스카나* 요리도 상당히 비싸다.

1980년대와 1990년대에는 월드뮤직(world music)과 이른바 '민족'음악이 발달하였고, 아프리카·아시아·남아메리카의 많은 예술가들이 발굴되었다. 그들은 유럽과 북미에서 점차 빈번해지고 있는 '민족 페스티벌'에 출연하고, 또 음반을 녹음하고 텔레비전에도 출연한다. 그중 몇몇은 세계적인 대중음악 스타가 되기도 했다.

다른 곳에서부터 이식되어 온 유행 의상, 철학, 종교 역시 상당히 인기가 있다. 불교의 매력은 이제 더 이상 새로운 것이 아니며, 또한 아메리카 인디언의 철학도 성공을 거두었다. '이국적' 복장이나 장신구가 유행을 타면서, 몇 년 전 유럽의 젊은 여인들이 아나톨리아* 산악지대의 여인들이 입는 바지를 즐겨 입기도 하였다.

이와 같이 사회적으로 시행되는 것, 생활양식과 소비양식은 '온건한(soft)' 다문화주의, 혹은 '가벼운(light)' 다문화주의라 이름 붙일 만한 것에 속한다. 이것은 분명 바캉스를 기다려 휴가를 떠나는 것이 쉽지 않은 도시주민들이 추구

---

* Périgord. 프랑스 중서부 도르도뉴(Dordogne) 강 유역의 지방. 특히 거위 간(foie gras)이 유명하다(옮긴이).
* Toscana. 이태리 반도 중북부 지방. 피렌체가 중심도시이다(옮긴이).
* Anatolia. 터키 고원지대(옮긴이).

하는 탈출구 같은 것이다. 또한 코즈머폴리터니스트적인 사람, 국민적 문화와 정체성 안에서는 답답하게 느끼는 사람들이 개인적으로 자기를 펼치고 싶은 추구를 반영하는 것이기도 하다. 다시 말하면 개인의 다문화성과 다양한 정체성을 추구하고 펼치는 것이다. 이러한 개인적 역학은 필연적으로 심오한 성찰이나 정치적 행동을 만들어내는 것은 아니다.

모든 사회는 문화적인 생산과 창안의 장(場)이며, 그렇게 생산되고 창안된 것이 바로 한 사회의 문화적 모습을 결정짓는다. 인종문제로 어려움을 겪고 또 열등하다고 여겨지는 집단이 적지 않은 문화적 활력을 보여주는 경우도 있다. 예를 들어 역사상 노예시절부터 오늘날까지의 흑인들의 체험에 연결되어 있는 음악인 재즈가 바로 미국이 인류의 문화유산에 기여한 가장 주된 공헌이라고 주장하는 사람도 있다. 영국과 프랑스에서는 인도 - 파키스탄 출신이나 마그렙 출신 작가들이 자기들이 처한 특수한 사회조건을 성찰하는 데서 출발하여 훌륭한 작품을 만들어냈다. 사회학과 고전적 인류학을 통해 분명 문화와 정체성의 건설과정을 설명할 수 있을 테지만, '문화연구(cultural studies)'라는 (그 경계가 뚜렷하지 않은) 영역이 인종, 민족, 성(性)

4. 다문화주의란 무엇인가?

의 문제로 억압받는 소수집단의 문화적·예술적 생산을 강조하면서 문학, 영화, 회화 등에서 다문화주의의 연구에 대한 독점권을 주장했다. 이러한 다문화주의 개념은 그 자체로는 직접적으로 정치적이지 않다. 미국 흑인 문학 혹은 히스패닉 문학을 연구하는 것, 런던에 사는 자메이카 작가들의 시, 이런저런 인도 - 영국인 안무가의 작품인 인도 - 유럽 발레를 연구하는 것이 꼭 정치적이지는 않은 것이다. 그렇지만 이러한 문화연구는 그들 집단의 권리 주장에 기초가 될 수 있다.

그렇게 되면 우리는 다문화주의의 정치적 영역에 이르게 된다. 정치학에서 이미 통용되는 이 표현은 우선 사회 안에서 문화와 정체성의 다양성을 고려하는, 다시 말하면 인정하고 받아들이고 장려하는 공적인 시도를 지칭한다. 그것은 크게 두 가지로 구별되어, 일련의 공공정책과 특정 소수집단 성원에게 보장된 권리를 포함한다. 또한 다문화주의 정책은 다문화주의 이데올로기를 주창하는 정치적 결사의 형태를 지칭한다. 이들의 목적은 특수한 권리를 누리는 것, 혹은 특별대우를 얻어내는 것이다.

공공정책, 소수집단에 보장된 권리

정도의 차이는 있지만 국가는 문화와 정체성의 다양성이라는 현실을 고려하게 되고, 또 경우에 따라 상이한 여러 영역에서 일련의 공적인 개입을 시행하게 된다. 다양성에 부응하기 위해 어떤 정치적 조처를 마련하여 적용하는가 하는 것은 나라마다 다르고 시대마다 다르다. 다문화주의 정책은 여러 영역에서 광범하게 개입할 수 있으며, 공적 지출을 상정한다. 이러한 개입은 물론 각기 절차가 다르고, 또한 일시적인가 항속적인가, 법적 질서에서 어떤 위치를 차지하는가가 서로 상이하지만, 어느 경우에든 문화와 정체성의 특수성을 지닌 개인들에게 권리를 인정하는 것이다.

몇몇 연방국가에서는 헌법상에, 즉 법 질서에 있어서 가장 상위의 확실한 단계에서 사회의 다문화주의적 특성을 인정하고 있다. 벨기에에서의 연방주의는 영토상으로 분리되는 국민 집단공동체와 지역들의 존재를 인정하며(플랑드르인, 발론인, 독어권, 브뤼셀인), 각 집단이 자체적으로 통제할 수 있는 어느 정도의 권리를 부여한다. 결국 언어를 경계로 하여 각기 다른 단일언어권 지역들로 국가가 나뉘게 되며, 공식적으로 두 개의 언어가 인정된 브뤼셀만이 예외가 된다.

또한 국가가 소수집단 단체들에 재정적 지원을 제공함으로써 문화적 다양성을 고려하고 장려할 수 있다. 예를 들어 스웨덴에서는 유고슬라비아 민속춤 모임이 재정 지원을 받고 있고, 퀘벡에서는 이민자 모임에서 발간하는 외국어판 신문들에 공적인 지원이 제공되고 있다. 또한 국가나 도시의 상이한 문화적 집단들이 서로를 알고 또 공존할 수 있도록 개선하는 것을 목적으로 하는 단체에 보조금이 지급되기도 한다. 즉 브뤼셀에서는 몇 년 전부터 그와 같은 목적으로 치뤄지는 '각양각색의 브뤼셀'이라는 구역 축제에 공적인 지원이 제공되고 있다.

다문화주의 정책은 또한 인종주의와 외국인 혐오증을 타파하기 위한 여러 정책을 채택한다. 무엇보다도 국가가 특별법을 제정할 수 있으며, 나라에 따라서는 공적·초(超)공적 기구를 통해서 그러한 특별법의 적용 실태를 감시한다[영국의 '인종평등을 위한 위원회(Commission for Racial Equality)', 벨기에의 '기회균등과 인종주의에 맞선 투쟁을 위한 모임(Centre pour l'égalité des chances et la lutte contre le racisme)']. 때로 공립학교에서 반인종주의 교육을 위한 프로그램이 시행되기도 하며, 직업현장이나 학교에서 어떤 어휘를 사용할 것인지에 대한 권장사항을 규정하는 법규를 제정하려는 나라도 있다. 그것은 미국에서 말하는 '정치적으로 흠 없음(political correctness)'과 연관된 것으로, 영국에서도 유사하게 시행되고 있다. 이 모든 정책은 물론 직접적으로 문화적 다양성을 유지하도록 장려하지는 않지만, 각자에게 민족적·문화적 차별을 당하지 않을 권리를 보장하는 것이다.

교육분야에서 문화적 다양성에 대한 고려는 어느 정도 구조화된 공공정책의 대상이 될 수 있다. 실제 그러한 시도가 미국에서 행해지고 있는데, 흔히 강렬한 정치적 투쟁과 논쟁의 소지가 되고 있다. 예를 들어 남서부의 몇몇 주 정부에서 일부 학교가 히스패닉계 이민자들의 자녀를 위해 영어 - 스페인어 공용의 교육 프로그램을 준비하도록 하고 있으며, 그로 인해 정치적 갈등이 격화되고 있다. 또한 교육 프로그램 내에 문화적 다양성을 인정하고, 또 이민자들이나 소수민족이 국가의 문화에 기여한 것을 인정하는 구체적인 정책들 역시 상당한 논쟁을 촉발하고 있다. 일반사 강의시간에 이민의 역사를 가르칠 것을 주장하는 사람도 있다. 캐나다와 미국에서는 여러 대학에 민족·인종연구 학과가 창설되었으며, 유럽의회는 오래 전부터 문화간(interculturel) 교육을 심의하고 있고, 실제 선구적인 몇 가지 계획이 전개되고 있다. 또한 국가의 재정 지원을 받는 종교학교의 문제도 제기된다. 벨기에에서 카톨릭 학교는 공공기금의 혜택을 누리고 있지만, 이슬람 학교라는 개념은 상당한 저항을 불러일으키고 있다. 뉴욕의 엘리스(Ellis) 섬* 이민박물관의 창립 역시 국가의 다문화적 역사에 대해 대중들을 의식화시키기 위한 정책의 일환이 될 수 있다.

또한 지금 자기가 살고 있는 국가나 그 지역의 언어를 구사하지 못하는 사람과 국가의 관계를 원활히 하기 위한 조치들이 취해지기도 한다. 예를 들어 브뤼셀 가까이에 있는 몇몇 플라망 지역에서 불어를 쓰는 사람들은 '언어 편의'를 제공하는 제도에 따라 플랑드르 행정당국과 접촉할 일이 있을 때 불어를 사용할 수 있다. 이민자들에게 외국어로 여러 가지 서비스를 제공하는 경우도 있는데, 즉 뉴욕의 차이나타운 같은 구역에서는 투표용지를 몇 가지 언어로 만드는 방안이 고려되고 있다. 또한 외국인들이 법정에 출두할 때 통역을 제공받을 수 있으며, 외국인이 밀집해 있는 구역에서 지역정부가 이민자들의 주요 출신지에 해당하는

---

* 뉴욕 항 내의 작은 섬으로, 미국의 입국관리에 관한 시설과 이민국의 각종 설비가 위치하고 있다(옮긴이).

언어를 사용하여 정보를 게시하기도 한다.

　마찬가지로 정부가 소수 종교집단의 의식(儀式)을 용이하게 하기 위하여 개입하기도 하며, 그렇게 해서 신자들이 고유의 의복 계율을 지키기 위해서 법을 위반하는 것이 허용되기도 한다. 예를 들어 런던의 공공 교통수단에 종사하는 사람들은 케피 모자를 착용하는 것이 규칙이지만, 1970년대 이래로 시크교도들은 전통적인 터번을 두르는 것이 허용되고 있다. 게다가 종교축일 휴가가 인정되기도 한다. 예를 들면 기독교 전통을 가진 나라에서 살아가는 유태인과 회교도가 자기들의 종교축일을 존중할 수 있도록 조정하는 것이다. 도살장과 관련한 조정의 예를 보면 1997년의 회교 축제(Aït Al Adha) 때에 브뤼셀 시(市)는 공공비용으로 이민자들이 밀집한 구역에서 양의 시체를 거둬들이는 참신한 조처를 취하여 성공을 거두었다. 회교도들은 종교축제 시기를 평온하게 집중하여 지낼 수 있었고, 비회교도들은 양의 시체들이 발생시킬 수 있는 환경문제를 불평하지 않아도 되었기 때문이다.

　이른바 '차별수정계획'*에 속하는 공공정책들은 문화,

---

* Affirmative Action. '긍정적 행동'이라는 의미로, 미국 내 흑인·소수민족·여성의 고용이나 고등교육 등을 적극적으로 추진하는 차별수정

4. 다문화주의란 무엇인가?

정체성에 관련되는 목적을 갖고 출발한 것은 아니지만 흔히 다문화주의 정책의 일환으로 간주된다. 인종간의 평등이 시민의 권리로 기록된 이후 1960년대에 미국에서 생겨난 이 정책들은 특별한 조처를 통하여 흑인들이 행정이나 대학교육, 고용시장과 정치에 참여하고 대표될 수 있게 함으로써 인종 평등을 실현하려 한다. 이것은 여전히 심각한 상태이던 사실상의 인종차별에 종지부를 찍기 위한 것으로, 원래의 취지는 문화와 정체성의 다양성을 인정하는 것은 아니었지만 이후 여성문제나 다른 소수인종, 그리고 몇몇 소수민족의 범주에까지 확대되기에 이른다. 아주 드물게는 우리가 흔히 책에서 읽는 것과 달리 민족 쿼터, 인종 쿼터를 강제 적용하기도 한다. 그 첫째 목표는 사회의 모든 층위에서 충분히 대표되지 못한, 혹은 원천적으로 배제된 집단들을 보다 더 잘 대표하는 것이다. 그 결과 행정부가 새로운 직원을 고용할 때 능력이 비슷할 경우에 오히려 소수집단 출신이 유리한 입장에 서게 되었고, 그 때문에 몇 년 전부터 이러한 차별수정계획에 대한 논의가 격렬하게 진행되고 있다.

정책을 지칭한다(옮긴이).

지금까지 모든 다문화주의 정책이 빠짐없이 제시된 것은 아니지만, 문화와 정체성의 다양성을 직접적으로나 간접적으로 고려하는 공적 개입이 놀라울 정도로 다양하다는 것을 알 수 있을 것이다. 여기에서 문제가 되는 것은 다양성을 인정하는 그 자체가 아니라 공적인 지출을 통하여 인정하는 것이다. 그리하여 다문화주의는 재분배의 문제가 되며, 또한 사회정의의 문제가 된다. 사실 다문화주의적인 정책들이 필연적으로 '문화적 게토', 극단적 공동체주의, 심지어 민족분리를 조장한다고 단언하기는 어렵다. 마찬가지로 그러한 정책들이 사회와 민족의 통합을 촉진시킨다고 주장할 수도 없다. 실제에 있어서 모든 것은 정책이 얼마나 강력하게 추진되느냐에 달려 있으며, 발생과 전개를 둘러싼 사회적·정치적 상황에 달려 있는 것이다. 그 통합적 혹은 분리적 영향력을 평가하기 위해서는 매 정책에 대한 정확한 조사 검토가 있어야 할 것이다.

결국 다문화주의 정책은 몇 년 전부터 '정체성 정책'이라고 불리는 것에 의미를 두는 여러 소수집단들의 정치적 결사에 밀접하게 연결되어 있다고 말할 수 있다.

4. 다문화주의란 무엇인가?

소수집단의 정치적 결사 : '정체성 정책'

얼마만큼 공개적인가는 각기 다르지만, 다문화주의 이데올로기를 주창하는 상이한 소수집단들이 결사하여 자기들의 특수한 권리를 주장하고, 또 정부가 특별대우를 해줄 것을 요구한다. 어떤 경우에는 독립된 정부를 주장하기도 하고, 자기들의 문화를 사회 전체에 강요하려고 시도하기도 한다. 이때 공적인 개입은 소수집단의 결사에 대한 답으로 주어지기도 하며, 또 때로는 본의 아니게 그러한 결사를 고무하기도 한다.

소수집단의 정치적 결사의 형태는 앞에서 살펴본 다문화주의 공공정책만큼이나 다양하다.

역사상 여러 시기에 걸쳐 상이한 여러 집단이 결사하여 각자의 요구들을 내세웠다. 예를 들어 캐나다 원주민이나 오스트레일리아 원주민은 대부분 그 나라 최초의 주민이라는 자격을 내세워 조상으로부터 물려받은 영토, 성스러운 땅, 혹은 사냥터나 낚시터를 수호할 권리를 주장했다. 벨기에의 경우 플랑드르인들은 처음에는 네덜란드어를 공식언어의 한 가지로 채택할 것을 주장했다. 하지만 오늘날에는 벨기에 연방 혹은 또 다른 틀(지역 중심의 유럽, 벨기에 국가연합, 독립 플랑드르 국가 등) 안에서 보다 많은 문화적·경제적·정치적 자율권을 얻기 위하여 압력을 행사한다. 플랑드르인들의 요구의 본질과 정치적 결사의 형태가 시간에 따라 변화된 것이다. 미국 흑인들의 경우 역시 마찬가지이다. 노예시절과 짐 크로 시절 비인간적인 대우를 받고 사회로부터 배제되었던 그들은 인간적 권리와 시민권에 관련된 권리를 요구했었다. 오늘날에 이르러 그들의 주장은 실로 다양하다. 흑인들이 사용하는 영어를 완전한 언어로 인정해줄 것을 요구하기도 하며, 또 어떤 사람들은 대학에 아메리카 흑인들을 연구하는 학과를 창설하여 그들의 문화적 기여가 인정되도록 해야 한다고 주장하고, 캠퍼스 내에 흑인 학생들을 위한 별도의 기숙사를 요구하기도 한다. 또한 이후의 이민으로 형성된 다른 소수집단들도 조직화되어 언어, 문화, 종교와 관련하여 편의를 요구하고 있다. 예를 들어 회교도 집단은 공적인 재정 지원이나 기도 장소 제공, 공동묘지 내의 구획, 공립학교에서의 종교수업 등에 있어서 다른 종교와 동일하게 대우해줄 것을 요구하고 있다. 극도로 다양한 이러한 요구들은 모두가 인종적·문화적·종교적 정체성과 관계된다는 공통점을 가지며, 그런 점에서 '정체성 정책'이라는 용어는 의미를 갖는다. 모든 집단은 결국

4. 다문화주의란 무엇인가?

공적인 영역에서 인정받으려고 하며, 자기들의 문화나 정체성이 무시되는 것을 거부하는 것이다.

정체성 정책이 대상으로 하는 집단들은 정치협상에서 사용할 수 있는 수단이 각기 다르다. 특히 원래 그 나라에 살고 있던 원주민 문제는 오랫동안 무시되어오다가 이제 여러 국제조약에서 특별한 관심을 끌고 있다. 캐나다에서는 원주민들이 수력발전 자원이 풍부한 지역에 살고 있다는 점에서 그 협상력이 제고될 수 있다. 국민집단의 경우 강력한 조직의 힘에 근거할 수 있다. 즉 인구학적 우월성에 기반을 둔 플랑드르 운동은 놀랄 만한 세력을 보유한 문화·경제·정치조직 기구에 의거하고 있으며, 플랑드르의 고용주들이 플랑드르의 요구를 수호하는 데 앞장서고 있다. 주어진 조건에 따라 소수인종이 가장 큰 장점을 갖기도 한다. 선거가 그 예로, 미국의 일부 지역이나 도시에서는 흑인과 히스패닉계가 차지하는 득표력 때문에 두 당이 환심을 사려고 애쓰고 있다. 반면 서유럽에서는 상당 부분의 이민자 집단이 투표권을 갖지 못한다. 따라서 자신들의 이익을 증진하기 위하여 간접적인 수단을 찾아내야 한다.

사실 소수집단들은 동질적인 실체가 아니다. 세대 차에 의한 문화적 틈이 있을 수 있으며, 성별에 따른 차이가 있고, 내적으로 정치적·경제적 차이가 있을 수 있다. 어떤 요구를 내세우고 또 어떤 정체성과 문화를 수호해야 하는지, 어떤 목적을 추구하며 그 수단은 어떤 것인지가 완전히 다를 수 있다. 미국 흑인의 경우를 보면 회교 지도자 루이스 패라칸(Louis Farrakhan)의 인종주의적이고 마초적인 분리주의와 민권운동의 역사적 지도자들 중 하나인 제시 잭슨(Jesse Jackson) 목사의 메시지는 엄청나게 다르다. 어쨌든 '정체성 정책'은 '자기들' 집단에 대한 독점적 대표권을 요구하고, 거리낌없이 자기들의 사적인 이익을 보장받으려는 공동체 지도자의 출현을 가능하게 한다.

결국 소수집단이 언제나 다문화주의적인 기도나 정책 쪽으로 입장을 취하고, 다수집단은 언제나 그에 반대한다고 생각하는 것은 옳지 못하다. 예를 들어 오스트레일리아나 스웨덴에서 국가는 다문화주의 정책을 견지해왔다. 하지만 오스트레일리아 원주민들은 오히려 오랫동안 그 정책에 반대해왔다. 그들의 눈에 다문화주의는 자기들의 기본권을 부인하는 것이기 때문이다. 그들은 최초의 국민이라는 자격으로, 영국이나 그 외 다른 나라에서 온 사람들이나 집단을 모두 문화적 차이의 존중을 격찬하는 이데올로기를 내세워 조상 대대로 내려오던 자기들의 주권(主權)을 위협하는 침입자로 간주한다. 스웨덴에서는 거꾸로 이민자들이 다문화주의에 반대한다. 그것을 이민자 사회를 제어하고 또 그들의 정치적 통합의 정도를 고정시키려는 수단으로 간주하기 때문이다. 다시 말하면 그들이 보기에 다문화주의 이데올로기는 스웨덴 정부가 주장하는 만큼 평등하지 않은 것이다.

이데올로기와 사회적 기도 : '강경' 다문화주의

다문화주의 사회에서 사회적으로 시행되고 있는 것을 넘어, 그리고 다양성을 공적으로 고려하는 것과 연결된 정치적 행태나 행동의 형식을 넘어, 다문화주의는 철학적 논의로도 연결된다.

정치철학자들은 오랫동안 다문화주의의 문제, 또한 문화적 자율권이나 소수집단의 정치적 대표의 문제에는 신중한 자세를 견지해왔는데, 특히 처음에는 다문화주의라는 말을 영국식 의미로 받아들였다. 그들은 이제 몇 년 전부터 다문화사회의 일관된 '모델'을 생각하려고 노력하고 있다. 특히 고전적인 국민 개념에 근거한 기도가 점점 더 어려움에 봉착해 있는 요즈음, 그를 대치할 수 있는 국민사회를 정립하고, 혹은 적어도 그 결점을 수정하기 위해 노력하고 있다. 그 이론적 쟁점은 상당히 중요하다. 개인의 자유, 사회의 정의, 민주주의와 같은 개인적 원칙을 소수집단이나 민족적·문화적 공동체의 인정과 조화시킬 수 있는가 하는 것이 문제되기 때문이다. 자유민주주의 내에 집단적 권리가 존재할 수 있는가? 사실 이러한 질문을 제기하는 것 자체가 사회적이고 정치적인 유대에 타격을 가하는 것이 된다. '강경(hard)' 다문화주의는 '온건' 다문화주의 내에 존재하는 피상적인 다원주의를 극복하면서 민족적 정체성이라는 고전적 개념에 문제를 제기한다. 그리하여 국민적 정체성을 확장할 것을 제안하며, 그 과정에 민족집단들을 포함시킬 수 있는 가능성을 고려한다. 결국에는 사회의 건설에 있어서 개인과 공동체가 각기 어떤 자리를 차지하는가를 논의하고, 윤리적이고 도덕적인 기준을 통하여 현재의 민주주의 사회에서 문화공동체들을 인정하는 원칙을 정당화하기에 이르는 것이다.

다문화주의의 문제는 1960년대 이래 정치이론과 정치철학의 두 입장, 즉 자유주의자들과 '공동체주의자'들을 대립시킨 논쟁에서 한 자리를 차지한다. 자유주의자는 전통적으로 공적인 영역에서 문화와 정체성의 다양성을 인정하지 않으려 한다. 개인이 사회의 중심에 서는 것이다. 개인은 시민이고 또 시민이어야 하며, 전적인 권리와 의무를 갖는다. 반대로 '공동체주의자'들의 입장에서 보면, 공동체란 각 개인에게 있어서 규범적으로나 존재론적으로 꼭 필요한 조건이 된다. 따라서 민족적·문화적 소수에 대해 집단적 권리를 인정하는 것은 원칙상 아무 문제가 없다. 자유주의자와 공동체주의자 사이의 이러한 대립은 격렬한 논쟁을 낳았는데, 그 방면에 전문지식을 갖지 않은 일반인들의 눈에는 대부분 아무 결실 없는 논쟁에 지나지 않았다. 자유주의자들은 언제나 동화주의적 유형의 입장에 빠져버리고, 공동체주의자들은 공동체의 고립과 분리를 충분히 고려하지 않음으로써, 두 입장 사이에 타협이 이루어지지 못했던 것이다.

두 입장을 종합하려는 시도가 없었던 것은 아니지만, 완전한 설득력을 갖지는 못했다. 예를 들어 자유주의 철학자 킴리카는 상당히 정교한 다문화적 시민권의 모델을 제안한 바 있다. 즉 국가는 문화와 다양성의 영역에서 중립적이지 않으며 또 중립적이어서도 안된다는 것이다. 왜냐하면 인권(人權)만으로 소수집단에 가해지는 차별적 정책을 조절하는 것은 불가능하기 때문이다. 그에 의하면 다문화주의 사회 내에서의 정의(正義)에 관한 이론은 모든 개인에게 인정된 보편적 권리를 넘어 어떤 소수집단에 대해서는 특수한 권리와 위상을 포함해야 한다. 결국 다문화적 민권은 차별적이 된다. 모두에게 평등한 개인의 권리와 특정 소수집단의 성원을 위한 특수한 권리라는 두 가지 모두를 포함하는 것이다. 그렇다면 이때의 소수집단은 무엇을 말하는가? 그는 몇 가지 유형의 소수집단과 또 그 각각이 합법적으로 주장할 수 있는 권리의 유형을 구분한다. 하지만 소수집단이 자기 구성원을 억압할 경우에는 결코 공적으로 인정받을 수 없다.

시장(市場)의 다문화주의

문화적 재화에 대한 수요가 구매력을 동반하여 주장될 때 그에 상응하는 공급이 생겨날 수 있다. 예를 들어 미국에서 히스패닉계 소수집단이 밀집한 지역에는 히스패닉어 TV 채널이 있어 문화적 재화의 수요에 부응하며, 또한 경제적이고 실체적인 이윤을 획득하게 해준다. 또한 민족적·문화적 수요에 부응하기 위하여 생겨난 대중매체들의 경우도 마찬가지이다. 대형 음반가게 안의 '민족음악'이나 '세계음악' 진열대가 그 예가 된다. 게다가 문화와 정체성의 다양성을 둘러싼 논의에 대한 관심이 퍼져나가면서, 특히 북미에서 다문화적 출판시장이 상당히 확대되었다. 다문화주의의 문제를 다루는 저작의 수가 1980년대에서 1990년대로 넘어오면서 눈에 띄게 증가한 것이다. 그중 어떤 것은 상당한 인기를 얻는 데 성공했고, 따라서 경제적인 성공도 거두었다.

노동계는 문화와 정체성의 다양성을 다른 형태로 인정했다. 프랑스에서는 1970년대부터 대규모 자동차공장에 회교도 노동자들을 위한 기도 장소가 설치되었다. 사용자측은 이러한 조처가 이슬람 신앙을 가진 노동자들의 생산성을 향상시킬 것이라고 생각했다. 어떤 점에서 보면 국가가 부재하는 곳에 개인의 사적 영역이 개입하는 것이라고 말할 수 있다. 1980년대와 1990년대에 문화간(interculturel) 경영이라는 개념이 조금씩 전파되었고, 기업 내부에서의 다문화주의가 갖는 장점이 특히 강조되었다. 예를 들어 1997년 4월에 스웨덴 고용자연합은 세계화된 경제에 있어서 다문화적인 노동력이 만들어낼 수 있는 이점을 인정한 바 있다.

물론 여러 형태로 나타나는 이러한 시장의 다문화주의가 언제나 집단적 권리나 소수집단의 인정원칙에 관계되는 철학적 논쟁에서 어느 한쪽 입장을 취할 것을 상정하는 것은 아니다. 시장의 다문화주의는 실제의 다문화주의, 그리고 다문화주의가 사회 내에서 야기하는 논쟁의 장점을 극대화하는 것을 목적으로 하는, 단순한 경제적 계산인 것이다. 경제적 이익을 가져오는 근원이 될 수 있기 때문에 사기업 영역에서는 다양성을 인정하고, 심지어 장려하고 있다. 이것은 자본주의 사회에서 소홀히 해서는 안되는, 하지만 흔히 소홀히 취급되는 인정의 한 가지 형태이다.

다문화주의라는 용어는 이와 같이 극도로 다양화된 현실들을 포괄하기 때문에, 그 현실을 통째로 받아들이거나 거부하는 것은 불가능하다. 다문화주의를 그저 공동체적 분리주의와 소수집단의 독재를 예찬하는 전체주의적 이데올로기로 축소시키는 것은 환원적 태도일 것이며, 마찬가지로 평화적이고 조화로운 후기 국민사회의 유일한 관건으로 간주하는 것 역시 순진한 생각일 것이다. 그보다는 다문화주의의 표류 위험을 인정하는 것이 중요하다. 그러한 위험을 피해야만 다문화주의의 가능성을 개발하여 좀더 정의롭고 민주적인 사회를 위한 시민의 투쟁에서 무기로 사용할 수 있기 때문이다.

5
다문화주의의 위험

　사회적 시행의 층위에서건 정치, 이데올로기 혹은 시장의 층위에서건, 다문화주의에 관한 접근은 때로 위험을 초래하고 사회·정치적 통합에 대한 위협이 될 수 있다. 문화적 차이나 정체성을 존중한다는, 그리고 소수집단을 대표한다는 좋은 의도에서 출발하더라도 때로 역효과를 낼 수 있으며, '전체주의'적인 사고라는 어느 정도 잠재적인 형태로 표류하면서 문화집단을 서로 분화시키고 시민단체를 분열시킬 수 있다. 그러한 사태를 피하기 위하여 다음의 다섯 가지 문제 — 자주 발생하는 위험 혹은 표류 — 를 분명히 할 필요가 있다.

문화와 정체성에 대한 본질주의적이고 근본주의적인 접근

공적 담론 안에 편재(遍在)하는 문화개념은 사회과학에서 언제나 상당한 반론에 부딪혀왔다. 많은 형태의 다문화주의가 근거하는 개념, 특히 개인과 문화의 연계관계와 사회에 대한 개념은 이미 효력을 상실한 것으로, 적지 않은 이의가 제기된다. 문화는 흔히 개인의 삶에 의미를 부여하고 개인의 사회적 행동을 한정하며 세대의 흐름에 따라 전승되는 다양한 특성과 믿음으로 이루어진, 분명하게 한정되고 폐쇄된 일관된 총체로 정의된다. 개인은 문화 안에서, 그것도 단 한 가지의 문화 안에서 태어나는 것으로 간주되는 것이다. 다시 말하면 문화는 가족이나 학교 같은 제도들이 사회적 삶과 사적인 삶의 문제들을 해결하게 하기 위해 어린 시절부터 개인에게 부여하는 연장통과 같은 것이 된다. 물론 특수하고 예외적인 상황에서는 한 문화에서 다른 문화로 옮겨갈 수 있지만, 그것은 언제나 이전의 문화적 귀속을 포기함으로써만 얻어질 수 있는 것이다. 따라서 모든 개인은 결국 언제나 한 가지 문화에 젖어 있고 한 가지 문화적 정체성을 갖는 것으로 간주된다. '문화주의자'들과 마

5. 다문화주의의 위험

찬가지로 많은 '다문화주의자'들은 이와 같이 내적으로 강력한 동질성을 갖는 사회집단들이 보유하는 일관된 문화, 서로간에 확연히 구별되는 문화로 분명하고 명확하게 나뉘어진 사회체계를 상정한다. 소수민족, 민족집단, 문화공동체 등으로 지칭되는 이 집단들은 서로간의 문화적 차이와 거리가 클수록 더불어 살아가기가 어려운 것으로 간주된다.

동화주의자들에게도 통용되던 문화와 정체성에 관한 이러한 본질주의적이고 근본주의적인 접근은 인류학의 발전에 힘입어 전반적으로 그 권위가 실추되었다. 즉 문화는 '사물'이 아니며, 자연적으로 주어진 것이 아니라는 것이다. 문화는 행동과 사고를 결정하는 정신적 모태로서 개인에게 주어지는 것이 아니라, 오히려 개인이 중요한 역할을 담당하는 사회적·정치적 구성의 항속적인 과정을 통해 얻어지는 것이다. 그러므로 문화현상은 설명되어야 한다. 문화는 개인과 집단의 접촉에 힘입어 끊임없이 변천하고 변화하며, 따라서 분명하게 규정되고 항속적인 문화요소들의 폐쇄적이고 일관된 총체로 정의될 수 없다. 어느 문화에서나 시간의 흐름에 따라 사라지는 요소들도 있고 또 다른 요소들이 합쳐지기도 한다. 문화를 실체, 본질로 정의하게 되면 때로는 급진적이기도 한 문화적 변화와 사회적 관계를 통한 문화건설에 있어서 개인이 수행하는 역할을 가늠할 수 없게 된다. 게다가 문화집단들을 나누는 경계는 '문화주의자'들이나 몇몇 '다문화주의자'들이 생각하는 만큼 견고하고 고정된 것은 아닐 것이다. 사실 그 경계는 유동적이며 흐릿하다. 사회를 폐쇄적이고 구별적인 문화적 집합― 수학의 집합이론에서의 의미대로― 으로 구성된 공간으로 생각하는 것은 옳지 못하다. 사회는 오히려 항속적으로 갱신되는 문화적 믿음과 특성들이 존재하는 공간인 것이다. 개인이나 집단은 그러한 문화적 믿음과 특성을 받아들이기도 하고 버릴 수도 있으며, 때로는 선택의 여지없이 주어지기도 한다. 문화집단은 우리가 생각하는 것만큼 동질적이지 않다. 개인은 언제나 자율권을 지키려 하기 때문에 한 집단의 성원 모두가 문화적 규범을 동일한 방식으로 받아들이는 것은 아니다. 게다가 유사한 특성들이 상이한 여러 집단에서 동시에 발견되는 일도 흔히 볼 수 있다. 그러므로 몇몇 '다문화주의자'들이 행하는 것처럼 개인과 집단 간의 문화적 차이와 거리를 측정하며, 다문화사회의 미래를 확대 적용하는 것은 수많은 문제를 야기한다. 가장 중요한 것은 문화적인 실체에 따라 규정되는 동질적인 개별 문화들간에 나름대로 고정적인 경계를 설정하는 문제이다. 예를 들면 '우

5. 다문화주의의 위험

리' 프랑스인들과 '그들' 마그렙의 이민자들 같은 것이다. 그런데 실제에 있어서 이 두 집단간에는 문화적 상이성이 중요한 만큼이나 유사성이 의미를 가진다. 또한 두 집단 모두 상대적으로 내적 동질성을 보여준다. 결국 문화적 차이라는 개념보다는 다양성의 개념이 더 적합한 것 같다. 문화적 다양성이라는 개념은 '그들'과 '우리' 모두가 사실상 내적으로 상당히 분화되어 있으며 그 경계가 유동적이고 흐릿하다는 것을 인정함으로써 문제를 피할 수 있게 해주기 때문이다.

몇몇 다문화주의자들은 문화에 대해 본질주의적이고 근본주의적인 개념을 채택함으로써 불행한 문화적 상대주의로 표류하게 되었다. 이때 상대주의란 모든 믿음은 개별 사회에 대해 상대적인 것이며, 따라서 비교의 대상이 될 수 없다는 것을 상정한다. 그런데 이러한 형태의 문화적 상대주의가 극단적이 되면 모든 문화에 동일한 가치를 부여하기 때문에, 모든 문화와 문화적 관행이 인정되어야 한다. 어느 문화나 가치 있고 정당하기 때문이다. 이러한 논리를 끝까지 밀고 나간다면, 예를 들어 여자아이들의 음핵을 절제하는 관습을 신체 절단을 부당하게 강요하는 것이라고 간주하는 것은 옳지 않게 된다. 오히려 할례는 전적으로 존중할 만한 문화적 특성으로 받아들여져야 하는 것이다. 물론 이러한 접근은 단호히 거부되어야 할 것이다. 누구에게나 신체적이고 심리적인 완전성은 인간의 보편적인 가치로 수호되어야 하기 때문이다.

모든 개인이 자기 존재에 의미를 부여하기 위하여 필연적으로 하나의 유일한 문화에 소속될 필요가 있다는 생각에 대해서 역시 많은 반론이 제기될 수 있다. 실제 많은 개인들이 강요된 문화적 경계의 틀이 너무 좁다고 느끼며, 또 개인이 문화의 혼합 과정에 주역으로 참가하여 다원적 문화를 획득해야 한다고 주장하는 사람들도 있다. 이런 사람들에게 종족이나 공동체, 지역, 국민공동체는 지나치게 경계가 좁은 실체이다. 그들은 반대로 서로 다른 여러 장소, 사회, 집단에 동시에 소속감을 느끼며, 그러한 문화적 혼혈성에 기쁨을 느끼는 것이다. 커뮤니케이션과 정보에 있어서의 새로운 기술의 발달, 그리고 교통수단의 비약적 발전은 이러한 '신(新)코즈머폴리터니즘'을 용이하게 한다. 이 새로운 경향이 모든 사회환경에 영향을 미치는 것은 아니지만, 이 세기말에 있어서 피할 수 없는 현실임은 분명하다.

5. 다문화주의의 위험

문화, 정체성, 공동체 안에서의 개인의 고립

개인이 꼭 어떤 문화에, 단 하나의 문화에 소속되어야 한다고 간주하여 문화적 소속에 있어서 배타적 개념에 집착하는 '다문화주의자'들이 있다. 그것은 다원주의의 영향을 받은 '다문화주의'로, 정체성에 있어서 개인의 고립을 조장할 위험이 있다. 이러한 입장은 멸종 위기에 놓인 동물을 보호하듯이 민족·문화·인종집단을 보호하고 존속하게 하는 것을 목표로 설정하고 그 집단들간의 경계를 명확하게 유지하게 함으로써, 개인을 그 집단들 중 어느 하나에 자동적으로 소속시키게 된다. 그때 기준이 되는 것은 물론 조상과 혈통으로, 개인들이 정체성을 바꾸고 싶어한다든가 혹은 실제 사회적 여정을 통해 그러한 변화가 일어나는 것은 전혀 고려되지 않는다. 사회적인 시행의 문제이건 정치 혹은 이데올로기의 문제이건, 이러한 다문화주의는 개인을 한 문화적 집단에 귀속시키며 한 가지 정체성을 강제로 부과하는 것이다. 개인이 그로부터 벗어나고 싶어질 수 있는데도 말이다. 다원주의의 영향을 받은 이러한 다문화주의는 민족·문화공동체간에 장벽을 더욱 공고히 하며, 종국에는 그렇게 제안된 집단을 떠나 다수집단에 합류하는 것을 어렵게 만듦으로써 서로를 멀어지게 한다. 이런 맥락에서라면 다문화주의는 개인이 한 가지 혹은 몇 가지 문화에 소속되는 것을 선택할 수 있는 권리를 부정하는 것이 된다.

몇 가지 예만 살펴보아도 이 문제는 분명히 드러난다. 영국령 트리니다드 출신의 작가 네일 비순다트(Neil Bissoondath)는 소책자로 발간된 자전적 글에서 캐나다의 공식적 다문화주의를 맹렬히 비난했다. 그는 실제 이민자들이 새 나라의 지배적인 문화를 자기 것으로 삼아 그 사회 안에 융합되려 할 때 다문화주의는 그것을 가로막는 걸림돌이 된다는 것을 잘 보여준다. 이민자는 자기의 근원, 문화, 민족집단을 벗어날 수 없으며, 이국 취향에 가치를 부여하는 사회에서 거의 언제나 한 민족집단의 구성원으로 인식되고 사회가 강요하는 이국적 이미지에 부합되어야만 한다. 그가 취하는 행동들은 상이한 소수집단의 문화에 소속되었기 때문으로 해석되며, 이민자 개인은 언제나 문화적으로 다르다고 간주되어 결코 국민 안에 포섭되지 못하는 것이다. 나의 경우 역시 단지 이태리 이름을 가졌다는 이유만으로 아직까지도 이태리의 고전 사회, 문화에 관하여 질문을 받는다. 내가 벨기에의 불어권 지역에서 태어나 그곳에서 교육받고 학교를 다녔다 하더라도 부모가 이태리인이므로

5. 다문화주의의 위험

당연히 나에게 '이태리 문화'를 전해주었을 것이라는 생각은 일견 많은 사람들의 눈에 논리적인 것 같다.

사실 많은 다문화주의 공연이나 축제에서 우리는 각각의 소수집단이 출신 나라에 대해 흔히 알려진 모습, 대부분 관광 안내책자에 소개된 것과 일치하는 모습을 그대로 따르고 있는 것을 보게 된다. 즉 이태리인들은 파스타를 준비하고, 아랍인은 쿠스쿠스를, 중국인은 잡채를 준비하는 식이다. 이렇게 해서 모두가 자기들의 기원을 '민속화'하는 데 기여하고 있다.

이와 마찬가지로 출신 국가의 언어와 문화가 갖는 의미에 대해서도 의문을 가질 수 있다. 그것은 결국 이민자의 후손인 젊은이들에게 그들이 무엇을 하고 무엇을 생각하든 언제나 또 다른 문화적 공간 — 설사 지금 잘 알지 못하는 곳이라 하더라도 — 에 매여 있음을 환기시키지 않겠는가?

전반적인 관점에서 볼 때 다원적 다문화주의를 옹호하는 사람들이 주장하는 소수집단의 권리에 관계된 몇몇 개념에는 차별의 가능성이 잠재되어 있음을 경계해야 한다. 개인의 정체성이란 복수적이고 변화하는 것임에도 불구하고 개인이 한 특수한 집단 내에서 인정을 받아 어떤 권리를 누리게끔 하는 것이라면, 그것은 결국 개인이 공동체 안에 고립되는 것을 조장하게 될 것이다. 소수집단에 대한 존중은 이렇게 개인의 자유와 충돌할 수 있고, 따라서 중요한 민주주의의 가치에 문제를 제기할 수 있는 것이다.

소수집단을 보호하고 문화적 차이를 존중한다는 구실을 내세운 인종적이고 문화적인 분리, 공동체 안으로의 개인의 고립을 조장하는 이러한 경향은 반대로 문화적 차이가 사회통합을 저해하는 주된 문제라고 주장하는 경향과 사실은 마찬가지인 것이다. 모든 문제와 난점이 문화적 문제로 제시되며, 그에 대해 제안된 해결책들 역시 당연히 문화의 문제와 관련된다.

프랑크푸르트는 독일연방에서 유일하게 다문화주의 정책을 시행한 도시이다. 특히 시청에 다니엘 콘벤디트(Daniel Cohn-Bendit)가 이끄는 다문화주의 업무를 관장하는 부처를 두고 있다. 그 업무는 다수의 독일인과 이민 출신 집단들 사이에 보다 나은 이해를 목적으로 한다. 창설 이후 이 부서는 자동적으로 이민자들의 일을 전담하게 되었다. 그리하여 노동조건에 관해서 불만이 있다든가 법적인 문제가 발생했을 때, 혹은 집 주인과 어려운 문제가 있을 때, 그것이 마치 그들이 이민자의 신분으로 독일문화에 적응하지 못한 데서 생긴 일이라는 듯이, 언제나 이 사무실로 가보라

5. 다문화주의의 위험

는 권고를 받게 된다. 사회생활을 이처럼 극도로 '문화화' 하는 표류현상은 네덜란드에서도 나타난다. 몇 년 전에 모로코와 튀니지 출신 젊은이들의 범죄율에 대한 논의가 있었는데, 여러 사람이 그 원인을 문화적인 데서 찾으려 했다. 심지어 그들의 문화적 특성을 고려하여 벌을 시행할 것을 주장한 사람들도 있었다. 마초적인 문화의 영향을 받은 이 지중해 연안 출신의 젊은이들에게는 징역형이 또래들 사이에서 자부심을 줄 수 있다고 주장하면서, 오히려 그들에게 보다 익숙하고 그들의 문화에 적합한 형벌인 체벌을 시행하자고 주장하는 사람들도 있었다. 물론 받아들여지지는 않았지만, 이러한 제안은 형사처벌이라는 영역에 불평등과 차별을 야기할 뿐 아니라 개인을 우선 잠재적으로 위험한 공동체의 성원으로 인지함으로써 그 행동을 지나치게 문화화하고 있다. 세번째 예로, 1991년 퀘벡에서 회교도인 양아버지가 역시 회교도인 딸을 항문삽입으로 강간한 사건이 있었는데, 그에 대한 사법처리는 가공할 만한 것이었다. 재판장은 피고인이 저지른 죄는 잔혹하지만 질을 통한 관계를 강요하지 않았고(만약 그랬더라면 회교도인 딸에게는 더 큰 문제가 되었을 것이다) 피해자의 처녀성을 지켜주었다는 이유로 형량을 가볍게 해줄 것을 제안했던 것이다. 이러한 판결을 제안한 재판장은 상당한 비판을 받았고, 결국 입장을 취소해야만 했다. 지금까지 우리가 살펴본 예들은 몇몇 형태의 다문화주의는 어떤 집단을 보호하려 한다고 주장하면서 오히려 그들을 차별하고 소외시키게 되는 제안과 정책들로 표류할 수 있음을 보여준다.

사회적·경제적 불평등의 은폐

흔히 다양성의 인정에 관한 논의는 전적으로 문화적 영역에 한정되어버리는 경향이 있다. 실제 미국에서는 다문화주의 문제가 특히 대학에서의 '문화연구(cultural studies)', 문학, 민속학, 인종학 분야에서 논의되면서 격렬한 논쟁을 낳고 있는데, 주된 쟁점은 소수민족이 미국 사회에 가져온 문화적 기여에 대한 인정을 둘러싼 것이다. 교육 프로그램에 소수집단의 문화적 특성과 관점이 고려되어야 한다는 주장도 제기되었다. 반면 대학 밖에서는 점점 더 심화되는 사회적·경제적 불평등과 배제, 그리고 치안의 문제에 관심이 집중되고 있다. 사실 대부분의 산업사회는 정도는 다르지만 유사한 문제점을 안고 있다. 빈곤, 도시지역 범죄율의 증가, 사라졌던 전염병의 재발, 실업률의 증가 등이다. 한편

5. 다문화주의의 위험

점점 더 많은 주민 집단이, 대부분의 경우 돌이킬 수 없이, 사회로부터 이탈되는 배제가 일어나고 있다. 미국의 보수주의자들은 사회에서 배제된 흑인들을 하층계급(underclass)이라는 고약한 표현으로 지칭하며, 불행히도 이 표현은 유럽에도 수입되었다. 또한 보수가 열악하고 신분보장이 유동적인 임시직이 늘어나고 있고, 점차 고용의 안정이 사라지면서 계층구조가 재편되고 있다.

다문화주의자들 중에는 문화적 관계에 주의를 집중시키면서 이러한 경제적·사회적 문제를 은폐하려는 사람이 있다. 그들에게는 문화적 다양성을 인정하는 문제와 새롭게 대두되는 사회문제는 아무런 관련이 없는 것이다. 문화를 사회를 읽는 유일한 열쇠로 삼아 문화·경제·사회의 영역간 상호작용을 소홀히 하는 것은 위험한 일이다. 그렇게 되면 현대사회에서 작용하고 있는 역학에 대해 단순화되고 편파적인, 부분적인 관점을 가질 뿐이다. 앞에서 언급한 프랑크푸르트의 예를 보면 사회·경제적인 문제를 문화의 문제로 읽어내는 것은 결국 오진(誤診)이며, 무용한 대책이 될 위험이 있음을 알 수 있다.

게다가 몇몇 형태의 다문화주의가 사회 상황들을 지나치게 '문화화'하는 것은 국가가 새로운 사회문제를 만족스

럽게 해결하려는 능력이나 의지가 없음을 은폐하는 것이 아닌지 생각해봐야 한다. 이것은 다문화주의와 관련해서 가장 자주 제기되었던 비판이기도 하다. 이러한 비판은, 물론 그 자체가 또 다시 다문화주의를 지배계층이 누리는 지배수단으로 간주하는 음모이론으로 표류하지만 않는다면, 심화될 만하다. 나아가 문화적 차이를 존중하는 담론이 때로 정치적 배제를 합법화할 수 있음을 인식해야 한다. 사회가 이민자들의 문화가 존속되도록 장려하면서도, 바로 그 때문에 문화적 차이가 지나치게 크다는 이유로 이민자들이 민권으로부터 배제되는 경우가 그 예가 된다.

억압받고 분리된 소수들의 사회로?

다문화주의의 영향을 받은 논의와 정책들은 일종의 도미노 효과를 일으킬 위험이 있고, 따라서 점점 더 다양한 집단들이 결집하여 인정을 요구하고 또 경우에 따라서는 자기들의 특수한 희망과 욕구를 충족하기 위한 공적인 재원(財源)과 특별대우를 요구할 수 있다. 어떤 정체성 혹은 집단을 인정하는 것이 또 다른 경쟁집단을 유발할 수 있는 것이다. 권리평등이 그저 형식적으로 주어졌던 흑인들이

5. 다문화주의의 위험

보상정책을 통해 실제적인 기회균등을 얻게 되었을 때, 유럽 출신의 시민들이 결사하여 자기들의 문화적 특수성을 재발견하려 했던 것을 그 예로 들 수 있다. 지난 몇 년간 점점 더 많은 수의 집단들이 결사하여 억압받는 소수로 등장하고 있으며, 사회의 인정과 보다 공정한 대우를 얻어내기 위해 노력하고 있다.

그렇게 해서 민족적·인종적 소수와 여성 외에도 다문화주의 논의와 정책에 참여하려는 집단의 수가 상당히 늘어나고 있다. 그들은 모두 다수에 의해 억압받는 소수집단으로 인정받으려고 노력한다. 결국 다수를 정의하는 것은 점점 어렵게 된다. 다수란 백인이고, 젊은이이며, 건강하고, 부유한, 이성애를 하는 사람들인가?

이와 같이 다문화주의에 대한 논의를 확장하는 데는 몇 가지 설명이 따른다. 첫째, 앞에서 언급한 도미노 현상의 문제로, 어떤 집단이라도 모종의 정체성을 중심으로 모여서 다문화주의 정책에 참여하는 것이 가능하다는 것이다. 둘째, 그러한 논의의 확장은 다문화주의 정책을 실추시킬 위험이 있다. 물론 그것은 바람직한 일이 아니다. 미국 흑인들의 체험은 동성애자들의 체험과 동일하게 받아들일 수 없는 것이다. 사회로부터 배제당하고 착취당하며 억압받는 현실이 과연 두 집단간에 동일하다고 말할 수 있겠는가? 셋째, 이러한 운동들이 갖는 중요성을 과장해서는 안된다. 흔히 별다르지 않은 혹은 대수롭지 않은 세계를 대표하면서도 극단적이고 극도로 소란한 지도자들이 부각되면서 강렬한 감각을 맹목적으로 추구하는 사회에서 쉽게 대중매체를 타는 경우도 많다. 어쨌든 때로는 엉뚱하고 상식을 넘어서는 이러한 운동들이 존재한다는 것은 인정받을 자격이 있는 집단과 정체성을, 그리고 그 인정의 양식을 정의하는 기준을 신중하고 엄격하게 생각해봐야 하는 필요성을 분명하게 보여준다.

새로운 도덕질서?

다문화주의 정책은 결국 새로운 도덕질서를 정립하려는 시도로 표류할 수 있으며, 그렇게 되면 전체주의적 이데올로기로 변모한다. 인류 전체를 지칭하기 위해 'homme'*란 단어를 사용하는 사람은 성차별주의자로 간주될 것이고, 다문화주의에 대하여 비판을 가하는 사람은 인종주의자로

---

* 불어의 homme는 영어의 man과 마찬가지로 좁게는 여성에 대립되는 남성을, 넓게는 인간을 뜻한다(옮긴이).

5. 다문화주의의 위험

매도될 것이다.

혹자는 다문화주의를 그렇게 정론화(定論化)하려고 노력한다. 그 결과 미국에서는 소수집단과 다문화주의에 대해 우호적인 것으로 평판이 나 있던 몇몇 교수들이 인종적 혹은 성적 소수를 모욕할 수 있는 '정치적으로 흠 있는' 말들을 했다는 이유로 피소(被訴)된 바 있다.

극단적이고 반민주주의적이며 교조주의적인 이러한 다문화주의는 때로 소수집단 출신의 지식인들이 인종주의적 이론을 형성하는 과정에서도 나타난다. 예를 들어 뉴욕의 흑인 교수인 레너드 제프리(Leonard Jeffries)가 흑인들의 인종적 우월성에 관해 쓴 저작들은 광적인 아프리카 중심주의를 담고 있다. 사실 미국의 일부 대학 캠퍼스에서, 특히 민족학 연구학과에서는 극도로 적극적인 다문화주의가 압력을 행사하고 있음을 느낄 수 있다. 마치 누가 어휘를 잘못 사용하거나 잘못된 행동을 하는지 지켜보고 있다가 대학제도 안에 숨어 있는 인종주의자, 성차별주의자를 가려내려는 것 같다. 또 이런저런 위원회, 예를 들면 성희롱에 맞서 싸우는 위원회 같은 데 자리를 차지하기도 한다. 물론 그러한 활동의 의미를 축소해서는 안되며, 하지만 과장해서도 안된다. 무엇보다도 대학 캠퍼스에서 그들의 목소리에 귀를 기울여야 할 것이며, 하지만 그러한 주장들은 다문화주의의 옹호자들 사이에서조차도 만장일치가 아님을 알아야 한다. 그들이 옹호하는 새로운 도덕질서는 민주주의 사회와는 결코 함께할 수 없기 때문이다.

6
다문화적 민권, 민권적 다문화주의로?

 일부 다문화주의가 갖는 표류 위험을 피하기만 한다면, 한편으로는 민주주의의 요구조건과 사회적이고 정치적 통합을, 다른 한편으로는 사회의 문화와 정체성의 다양성에 대한 공적인 인정을 조화시키는 것이 가능하다.
 물론 전세계적으로 제기되고 있는 '정체성과 관련된 다문화적 딜레마'에 대해서 총체적이고 보편적인 답을 제시하려는 것은 헛된 시도일 것이다. 다문화주의는 여러 쟁점을 불러일으키며, 그에 따른 문제나 논의가 상당히 복잡하다. 뿐만 아니라 사회는 모두가 특수한 다문화적 형상을 보여주기 때문에, 각기 고유한 길을 찾아 문화적 '게토'를 벗어나야 한다. 미국식 혹은 캐나다식, 오스트레일리아식의 '다문화주의 모델'을 만병통치제로 유럽에 수입하는 것은, 설사 그것이 실현 가능하다 하더라도, 별로 권장할 만한 일이 아니다. 우리는 여기에서 신중하고 겸허한, 절제된 해결책을 제안해볼 것이다.

적어도 이론적으로는 완전한 답이 될 수 있는 전적으로 추상적인 새로운 '모델' — 다문화적 민권 혹은 민권적 다문화주의 — 을 통하여 보편주의와 특수주의, 동화주의와 다원주의, 그리고 개인주의와 공동체주의, 혹은 평등주의와 분화주의의 대립을 벗어나려고 시도하는 것은 매력적인 일이고 또 편리한 일일 것이다. 사실 국민이나 사회통합에 대한 거대한 이념적·이론적 모델들이 일상생활에서나 행정적 시행에 있어 어느 정도까지는 서로 유사하다는 점에서, 오늘날의 복합성에 보다 적합한 또 다른 제3의 사회통합 개념을 생각해내는 것은 유용하지 않을까? 사회에 대한 동화주의적 개념에 연결된 민권의 틀 안에서의 전적으로 개인의 권리에 의거하는 모델이나 혹은 사회에 대한 다원적 개념의 틀 안에서 전적으로 집단적 권리에 의거하는 모델을 예찬하기보다는, 그 둘을 통합하는 새로운 종합이 필요하지 않을까? 하지만 모델이란 결국 이념적이고 정치적인 산

6. 다문화적 민권, 민권적 다문화주의로?

물일 뿐임을, 우리가 도달해야 할 이상(理想)을 제공할 뿐임을 잊지 말아야 한다. 그러한 모델들이 꼭 현재 진행중인 사회·정치적 역학을 이해하는 열쇠를 제공하는 것은 아니며, 일상의 갈등과 맞서기 위한 실제적 해결책의 궤적을 제공하는 것은 더더욱 아니다. 어떤 점에서 모델 안에 안주하는 것은 현실에 뛰어들지 않아도 되게 해주는 수단이 될 수 있다.

문화적 '게토'를 벗어나는 것은 정치철학의 전선, 공공정치와 사회적 시행의 전선에 개입하는 것을 상정한다.

문화적 다양성과 민권적 민주주의 사이의 외견상의 모순을 극복하고, 그럼으로써 한 단계씩 다문화적 민권 혹은 민권적 다문화주의를 건설하는 것은 역사의 우연으로 동일한 땅에 모이게 된 사람들의 철학적·도덕적 선택과 아울러 정치적 선택을, 또한 분명한 사회적 행태를 상정한다. 단일성의 원칙과 실제 관찰되는 문화적 다원성을 넘어 사회통합의 의미를 조정하고, 또한 그럼으로써 공동체주의의 함정과 개인주의의 함정을 피하기 위해서는 몇 가지 조건과 제한이 분명하게 정의될 필요가 있다. 민주주의는 문화와 정체성의 다양성에 대한 공적인 인정과 조화될 수 있다는 주장이 곧 문화와 정체성과 관련된 모든 요구가 만족되어야 한다는 의미는 아니며, 동일한 방식으로 만족되어야 한다는 것은 더더욱 아니다. 예를 들어 아메리카 인디언이나 바스크 족, 혹은 유럽의 회교도들 같은 상이한 집단들이 민주주의 공간에서 합법적으로 어느 정도의 인정을 주장할 수는 있지만, 그들이 누리게 될 사회적이고 제도적인, 나아가 합법적인 인정의 유형은 그 요구가 얼마나 민주적인가에 달려 있으며, 또한 매번의 상황에 따라 달라질 것이다. 더욱이 다수가 자신의 문화관을 소수에게 강요한다는 사회 개념을 버린다고 해서 곧 모든 소수가 그들이 살아가고 있는 사회와 그 기능규칙, 그것을 구성하는 공통적 기도의 관념과 관계없이 자기들 고유의 문화적 정체성을 발전시킬 수 있음을 의미하지는 않는다.

민주주의에서 개인의 권리, 자율성, 자유, 그리고 개인의 육체적·정신적 완전성 같은 기본적인 원칙을 존중하지 않는 집단의 경우, 물론 그 요구에 귀를 기울여야 하고 또 때에 따라 이해할 수도 있겠지만, 결코 그 요구를 들어줄 수는 없는 것이다.

6. 다문화적 민권, 민권적 다문화주의로?

문화적 다양성과 사회정의

사회과학 연구와 공적 논의에서는 좀더 조화로운 다문화사회의 건설이라는 문제, 그리고 배제에 맞선 투쟁, 또한 점점 증가하고 있는 사회적·경제적 불평등에 맞선 투쟁의 문제는 대부분의 경우 완전히 분리되어 다뤄진다. 때로 다문화주의가 제시하는 새로운 집단의식 혹은 사회의 '발칸반도화'의 위협은 정치지도자들이 새로운 사회문제를 해결할 능력이 없음(혹은 정치적 의지가 없음)을 은폐하기 위해 대중의 관심을 돌리는 수단으로 사용되는 것 같다.

민족적이고 문화적인 정체성이 형성되고 확실히 주창되는 과정과 사회적·경제적인 불평등의 재편과 배제 과정이 서로 밀접하게 연결되어 있음을 인정하는 것은 상당히 중요하다. 사실 사회적·경제적 층위에서 배제되고 박탈당한 사람들 가운데 많은 사람들이 그 문화와 정체성에 낙인이 찍힌 사람들로, 불법적이며 사회통합을 해칠 수 있는 위험으로 간주된다. 이렇게 해서 민족화, 더 나아가 인종차별의 메커니즘은 배제된 자들로 하여금 그 경계가 점점 더 폐쇄적이 되는 정체성 안에서 안정과 보호를 추구하게끔 한다. 그들의 열악한 사회적 지위는 대부분 그러한 폐쇄성에서 비롯된다. 서유럽에서의 이슬람 지역 출신 노동자와 그 후손들의 경우가 상징적이다. 경제적 재구조화의 피해를 가장 많이 당하는 주민의 범주에 집중된 그들은 그들이 가진 것으로 추정되는 문화적·종교적 소속으로 인하여 민주주의의 적(敵)으로, 또한 국민적 정체성의 적으로 간주된다. 그렇게 해서 사회·경제적 소외와 문화적 소외라는 2중의 소외에 시달리게 되는 것이다.

결과적으로 민주주의에 있어서 다문화주의에 관한 논의를 사회적 배제와 불평등에 관한 논의와 분리시키는 것은 위험한 일이다. 사실 사회적이고 경제적인 불평등과 간극이 증가하고 그것이 민족·문화적 소속에 겹쳐진다면 민주주의적 다문화사회를 위한 모든 기도는 환상이 될 수밖에 없다. 사회·경제적 불평등과 불안이 증가할수록, 배타적이긴 하지만 그 성원을 보호해주는 문화적·민족적 소속 안에서 피난처를 찾는 사람이 많아질 것이고, 그럴수록 자기와 다르다고 생각되는 사람을 거부하게 될 것이다. 문화와 문화적 정체성이 다른 곳에서 체험한 좌절을 보상받는 수단이 되거나 지배도구가 되어버리는 것이다. 반대로 지구의 재원(財源)이 좀더 공평하게 분배될 경우 보다 개방적이고 포섭적인 문화적 정체성의 확립이 용이하게 될 것이다. 다

6. 다문화적 민권, 민권적 다문화주의로?

시 말하면 문화적 '게토'가 생겨나는 것을 피하려면(혹은 이미 존재하는 게토로부터 벗어나려면) 불평등과 사회·경제적 배제가 증가하는 데 대한 대책을 강구하고 해결책을 찾아내야 한다. 결론적으로 공익(公益)과 민주주의라는 관념에 비추어 대부분 문제가 있는 것으로 간주되는 문화와 정체성의 다양성이 위험한 만큼이나, 사회·경제적 '발칸 반도화'는 위험한 것이다.

그러므로 민주주의자라면 다음의 질문을 제기해야 할 의무를 갖는다. 인간을 존중하는 정체성과 문화의 표현은 집단적 인정과 동등한 권리를 갖는 것이 아닌가? 모든 인간은, 어떤 정체성을 선택하고 또 어떤 사회적 관행을 따르든 간에, 인간으로서의 품위 있는 삶을 누릴 권리가 있지 않은가? 이 질문에 대해 "그렇다"고 대답한다면 다문화주의와 사회정의를 조화시킬 수단을 찾게 될 것이다. 하지만 이 질문들을 무시하거나 "그렇지 않다"고 대답한다면 민주주의의 무덤을 파는 데 기여하게 될 것이다. 그렇게 되면 민주주의는 문화와 정체성의 다양성 때문에 죽는 것이 아니라 우리가 다문화주의를 조직하고 그 풍요로움을 끌어내지 못했기 때문에 죽는 것이다. 한마디로 말하면 문화와 정체성의 다양성에 관한 논의는 민주주의의 강화와 사회정의의 강화에 대한 광대한 논의 속에 통합되어야 한다.

모두에게 평등한 권리와 의무

　개인이 공동체 안에 고립되는 것, 그리고 서로 대립하는 공동체들이 폐쇄적으로 형성되는 것을 피하기 위하여 종교나 성적 선호도, 피부색, 문화적 소속에 관계없이 모든 시민의 기본적인 권리와 의무의 평등원칙을 재확인하는 것이 중요하다. 이상적으로는 한 사회 안에 지속적으로 자리 잡은 모든 개인은 그 소속이 아니라 어느 곳에서 살아가고 있느냐의 기준에 의거하여 시민으로서의 권리, 정치적이고 사회·경제적인 권리를 동등하게 누려야 한다.

　또한 모두 동일한 의무를 준수해야 한다. 우선 법을 준수하는 것은 모두에게 요구되는 의무일 것이고, 또한 어떤 방법으로든 공적 업무의 관리에 참여해야 한다. 정당이나 노동조합 같은 전통적인 시민참여의 장을 넘어, 다른 공적 논의의 공간, 즉 문화단체나 지역위원회나 여러 가지 시민단체가 존재한다. 모든 시민은 각자의 특별한 성향에 따라 한 가지 혹은 몇 가지 참여의 장에 편입되어야 하며, 그것은 바로 민권이 보다 적극적인 개념으로 거듭나고 사람들

6. 다문화적 민권, 민권적 다문화주의로?

이 그토록 비난했던 민주주의의 결점을 해소하는 대가로 시민이 감수해야 하는 몫이 된다.

더욱이 사회가 그 자체의 문화와 정체성의 다양성을 의식하고 있을 때, 상이한 문화적 정체성을 주장하는 개인이나 집단들 사이의 대화 같은 상호 인정의 조치가 필요하다. 그것은 민주사회의 시민이 따라야 할 태도이기도 하다. 스스로의 다문화성을 의식하는 민주주의에서 개인과 집단의 대화에 근거하는 정치문화, 그리고 정치 일정 결정에 있어서나 정책결정에 있어서 투명하고 다양한 참여과정에 근거하는 공통의 정치문화를 창조하는 것이 가장 중요하다. 기본적인 권리와 의무에 있어서 평등한 모든 시민은 그들이 공유하는 공적 영역에서 모두가 인지하고 받아들인 절차에 따라 대화하고 협상하는 것을 받아들여야만 하는 것이다.

모두에게 평등한 완전한 민권(民權)에 이르렀다 해도, 그것만으로 충분한 것은 아니다. 사실 의무와 권리의 평등이 자동적으로 실제의 평등으로 실현되는 것은 아니다. 특히 문화적·종교적 소속이나 피부색을 이유로 여전히 차별대우의 희생양이 되는 개인도 있다. 물론 실제적으로 모든 개인이 전적인 평등을 누린다는 것은 도달하기 어려운 일이다. 하지만 민주주의 국가는 형식적 평등과 실제의 불평등 사이에 존재하는 긴장에 대해 해결책을 찾아내야만 한다. 그것은 형평의 문제인 것이다. 국가는 정치적이고 법률적인 조처를 마련해서 차별을 타파하고 모두에게 기회의 균등을 보장해야 한다.

문화적 표현들 중에는 국민문화라는 신화적 이미지에 부합되지 않는다는 이유로 여전히 무시되고 거부되며 비난받는 것도 있다. 민주국가는 문화와 정체성의 다양성을 인정해야 하며, 시민으로서의 요구조건과 배치되지 않고 또 사회 내에서 의미 있게 존재하는 모든 문화적 표현들에 대해 동등하게 대우해야만 한다.

여기에서 민권이 갖는 시민적·정치적·사회적 차원을 보충하는 문화적 민권이 도입되어야 한다는 주장도 가능하다. 문화적 인권과 함께 모든 시민이 자유롭게 자기의 소속(들), 문화적 계통(들)을 선택할 권리를 갖게 될 것이며, 또 원할 때는 이미 선택한 것을 취소할 권리를 갖는 것이다. 또한 모든 개인은 문화와 정체성에 관한 타인의 선택을 존중해야 한다. 국가는 다양성의 상징적 인정을 용이하게 하는 것을 목적으로 하는 행동들을 계획하여 문화적 민권을 구체화해야 하며, 또한 각각의 사회가 갖는 특수한 다문화성을 고려하는 다양화된 문화정책을 시행해야 한다. 이렇게 해서

6. 다문화적 민권, 민권적 다문화주의로?

다양성의 인정이라는 문제와 공적 재원의 재분배의 문제가 밀접하게 연결된다. 사실 국가가 수행하는 재분배 역할과 관련하여 여러 문제가 제기되고 있는 오늘날, 새로운 공공지출을 증가시키는 계획을 채택하는 것은 곧 심각한 장애물에 부딪힐 위험을 동반하게 된다는 사실을 잊어서는 안된다. 그에 비하면 다양성의 상징적 인정은 비용이 덜 든다. 하지만 다문화적 민주주의의 발달에 있어서 때로 공공지출을 동반한 인정 못지않게 중요한 기능을 행한다.

다양성의 상징적 인정

다양성에 대한 인정은 문화의 본질화, 근본화, 그리고 본질적 소속집단으로 제시되는 공동체 안으로의 개인의 고립, 혹은 지나친 공동체적 권리 주장으로의 변질을 피할 수 있는가? 인정의 대상이 되는 것이 각자가 문화적 특수성을 보유한 배타적인 인간집단이 아니라, 있는 그대로의 다양성이라는 조건만 충족된다면 그렇다고 말할 수 있을 것이다. 이것은 아주 섬세한 차이, 심지어 양식의 차이에 지나지 않는 것으로 보일 수 있지만, 상당히 중요한 차이이다. 따라서 좀더 설명이 필요하다.

문화적 특수성을 보유한 인간집단을 인정해야 한다는 관점은 많은 다문화주의적 성찰이 근거한 고전적 다원주의 접근에 해당하는 것이다. 그에 따르면 사회는 전적으로 폐쇄적인 경계를 갖는 상이한 문화집단들의 병치로 간주되며, 각 개인은 이 집단들 중 어느 한 가지에 소속되어야만 한다. 이에 대해 있는 그대로의 다양성을 인정해야 한다는 관점에 따르면, 반대로 사회는 특징적인 문화와 정체성 형태들이 변화하는 다양성을 고려하는 데 그치며, 개인은 자유롭게 그중 어느 하나 혹은 몇 가지를 자기 것으로 삼을 수 있다. 코즈머폴리터니즘의 영향을 볼 수 있는 이러한 관점에 의거하게 되면, 시민과 그들의 정체성에 대한 문화적 형태론의 변천을 고려할 수 있게 된다.

또한 각 개인의 정체성이 갖는 복합적이고 다차원적인 성격, 예를 들면 국민적·국가적 정체성의 복수적 성격을 강조하게 해준다. 예를 들어 사회학적으로 오늘날 벨기에인인 것은 20세기 초에 벨기에인이었던 것과 다르다. 그 당시에 벨기에인이라는 것은 백인이고 불어나 네덜란드어를 쓰며, 카톨릭신자이거나 종교를 부인하는 자유사상가이고, 노동자이거나 사용자였다. 그런데 오늘날 벨기에인이라는 것은 흑인이나 회교도, 그리고 아랍어를 말하는 사람도

6. 다문화적 민권, 민권적 다문화주의로?

배제하지 않는다. 유럽의 국가들이 겪었고 또 현재까지 겪고 있는 연쇄적인 이민의 물결로 인해 특히 언어상에서 어느 정도의 동화가 일어날 수밖에 없으며, 국민적 정체성이 확장되고 다양화되기에 이른 것이다. 이러한 사회적 변천을 공식적으로 인정하지 않고 조직화하지 않는다면, 사회로부터 배제된 자들의 집단이 형성될 수밖에 없다.

결국 관용의 원칙에 근거하는 모든 상징적 인정은 오히려 다르다고 간주되는 개인과 집단들이 배제될 가능성을 내포하는 것이다. 사실 관용은 타자에 대한, 타자의 정체성과 문화에 대한 전적인 무시가 될 수 있다. 타자의 존재를 관용으로 받아들인다 해도 타자는 언제나 존재하는 것이며, 그렇다면 타자를 알고 서로간에 이해하려는 시도에 기반을 둔 상징적 인정을 고려해야만 좀더 많은 가능성이 열릴 수 있는 것이다. 즉 문화적 특수성이 무엇이든 상징적으로 완전하게 받아들이는 것이 필요하다.

벨기에의 경우는 (여러 차례 비난받았던) 문화적 다양성을 상징적으로 인정하는 쪽으로 변화해간 흥미로운 예를 보여준다. 1996년 벨기에를 강타한 소아성애(pédophilie), 즉 어린이를 성적 도구로 사용한 범죄와 아동살해로 일부 혹은 전체가 이민 출신인 가정들이 엄청난 상처를 입게 되었다. 살해된 다섯 명의 소녀들 중 세 명의 경우가 해당되었다(멜리사(Mélissa)의 아버지는 이태리 노동자 출신, 줄리(Julie)의 할머니는 스페인계, 그리고 루브나(Loubna)의 부모는 모로코 출신 이민자였다). 이것은 이민이 벨기에 사회의 중요한 구조적 차원을 구성하며, 벨기에 사회에 지울 수 없는 흔적을 남겨놓았음을 증명하는 것이기도 하다. 더욱이 루브나의 언니인 나벨라 베나이사(Nabela Benaïssa)라는 인물이 이 사건을 통해 사람들의 주목을 받게 되었다. 아동을 대상으로 한 범죄에 맞선 부모들의 투쟁에서 중요한 역할을 행하면서, 벨기에에서는 민주주의 이전의 무정부주의로 생각되던 이슬람교 신도이며 베일로 얼굴을 가린 이 소녀가 보여준 명철하고 절도 있으며 위엄 있고 용감한 태도가 단연 돋보였던 것이다. 깊이 생각하고 투쟁하면서, 자식을 잃은 다른 부모들, 나아가 많은 시민들과 함께 기본적인 가치와 원칙을 수호하는 이 소녀의 모습, 이슬람 신앙뿐 아니라 완전한 벨기에인임을 요구하며 완벽한 불어를 구사하는, 베일로 얼굴을 가린 이 소녀의 모습에 벨기에 사회가 익숙해져간 것이다. 불쌍한 어린 루브나의 장례를 통해 이민자 출신 주민들이 벨기에에 존재하는 것이 사람들이 주장하는 것처럼 그렇게 위험한 일은 아니라는 자각이 더욱 강화되

6. 다문화적 민권, 민권적 다문화주의로?

었다. 결국에는 이민자와 그 자손들도 보통의 인간이며, 벨기에 사회에 대한 위협도 위험도 아님을 알게 된 것이다.

브뤼셀에서 가장 큰 회교사원에서 진행된 장례식이 대부분의 채널로 생중계된 것 역시 초유의 일이었다. 이러한 결정은 벨기에라는 국가의 문화적·종교적 다양성에 대한 이슬람의 기여에 대한 상징적 인정으로 간주될 수 있다. 사실 TV 중계에는 분명 교육적인 측면이 있었다. 기자들과 함께 장례식을 해설하는 이슬람 종교 전문가들의 설명을 통해 이슬람교도가 아닌 많은 사람들이 이슬람의 일면을 발견하게 된 것이다. 중계를 보면서 시청자들은 이슬람 사원에도 의자가 있음을 보았고, 이슬람교를 믿지 않는 사람들도 이슬람교도들이 그 안에서 붙어나 네덜란드어로 말하는 것을 보았고, 그를 통해 이슬람의 유연성과 개방성을, 유럽에의 적응 능력을 알게 되었다. 그것은 대중매체나 극우주의가 퍼트린 이슬람의 모습과는 거리가 먼 것이었다. 불행히도 이런 슬픈 사건을 겪은 후에야 벨기에 정부와 사회가 실제로 이슬람교를 벨기에적인 다양성의 완전한 한 부분으로 인정하게 된 것이다. 물론 이러한 인정은 아직도 확고하지는 못하다. 만일 모로코 출신이 뒤트루* 같은 범죄를 저지르게 된다면 상황이 달라질 것이다. 하지만 상당한

진전인 것만은 분명하다.

그렇지만 문화적 다양성에 대한 상징적 인정만으로는 충분하지 않다. 상징적 인정은 사회적·경제적·정치적 불평등을 종식시키지 못하며, 그러한 불평등의 원인이 되기도 하는 민족적·인종적·문화적 차별을 종식시키지도 못한다. 그러한 불평등을 종식시키기 위해서는 다문화적 민주주의를 촉진시킬 수 있는 합법적인 수단, 공공정책을 고려해야 하며, 그러한 재분배는 상징적 인정과 보조를 맞출 수 있을 것이다.

법적인 인정과 공공정책 : 유연성의 조건

특히 여러 영역(교육, 보건, 주거, 고용 등)에서의 공공 정책을 매개로 한 재분배자로서의 국가의 역할이라는 문제는 상당히 미묘하다. 특히 그것은 국가의 개입을 주장하는 유럽식 모델을 주창하는 사람들과 국가의 특권을 가능한 한 축소하려는 영미 계통 자유주의 모델의 지지자들이 대립

---

* Dutroux. 여기에서 말하고 있는 사건, 즉 1990년대 벨기에를 떠들썩하게 만들었던 어린이 성범죄의 조직 일원으로 현재 수감중이다 (옮긴이).

6. 다문화적 민권, 민권적 다문화주의로?

하는 논쟁의 일환으로 주어진다. 우리의 성찰은 어떤 점에서는 유럽식의 모델을 분명하게 지지한다고 말할 수 있다.

국가가 개입하여 다문화적 민주주의를 강화시켜야 한다는 것을 받아들이게 되면, 다음과 같은 질문이 제기된다. 어떤 집단들이 법률적 인정의 대상이 되며, 또한 그것은 어느 수준의 법 질서에서 이루어지는가? 어떤 집단이 특수한 공공정책의 대상이 되어야 하는가? 사회적·경제적 불평등과 싸우며 문화적 게토를 극복하기 위해서는 어떤 공공정책이 시행되어야 하는가?

여기에서 간단 명료하고 총제적인 대답은 불가능함을 다시 한번 인정해야 한다. 사실 일상적으로 다문화주의에 연결된 공공정책들이 반드시 문화적 게토의 형성을 조장한다고 단언할 수는 없다. 또한 반대로 사회와 국가의 통합을 증진한다고도 말할 수 없다. 모든 것은 그러한 정책이 어느 정도 견고한지, 어떤 상황에서 대두되어 전개된 것인지, 즉 예를 들면 그 시행에 있어서의 실제적 양태가 어떠한지에 달려 있는 것이다. 단지 각각의 경우를 정확하게 검증함으로써 다문화적 민주주의에 미치는 긍정적 혹은 부정적 효과를 평가할 수 있을 것이다.

그렇게 되면 법적 인정과 공공정책 모두에 답이 될 수

있는 요소들을 제시할 수 있고, 그것은 어떠한 틀 안에서 보다 구체적인 개입을 고려해야 하는지 분명하게 드러낼 수 있다.

일반적인 규칙으로 민족, 문화, 인종, 혹은 종교집단의 존재를 헌법상에 인정하는 것은, 소수집단에 집단적 권리를 부여함으로써 그 집단들을 보호한다고 여겨질 때조차도, 권장할 만한 일은 아닌 것 같다. 사실 그러한 인정은 특수한 정체성들을 법의 틀 속에 고정시키게 되며, 따라서 그 주된 위험은 상호 침투가 불가능한 채 서로 구별되고 배타적인 집단들로 이루어진 사회라는 상을 제도화한다. 또한 시민이기 이전에 한 집단의 성원으로 인지되는 개인이 공동체 안에 고립될 위험이 있으며, 결국 주어진 한 사회 내의 집단들을 대립시키는 갈등의 축을 제도화하고 심지어 분리주의적 유혹을 강화할 위험이 있다. 벨기에의 경우가 이러한 위험을 잘 보여준다고 할 수 있는데, 벨기에는 새로운 연방헌법에서 공동체적이고 지역적인 정체성은 인정했지만 그 집단들이 한 국가 안에 동거하는 데 따른 문제는 전혀 해결하지 않았던 것이다.

반면 민족, 인종, 문화, 종교에 관련된 차별의 문제에 관해서는 확실한 법률을 제정하여 적용해야 한다. 시민으

6. 다문화적 민권, 민권적 다문화주의로?

로 하여금 자기에게 닥칠 수 있는 여러 형태의 배제에 맞서 싸울 수 있는 실제적 수단을 제공해야 하는 것이다.

특별대우정책의 경우는 연구될 만하다. 좀더 유연하고 또 사회에서 생겨나는 욕구에 맞추어 변화할 수 있는 수단이 되기 때문이다. 그 목적은 가능한 한 모든 기회균등을 보장하고, 시민이 누리는 민권적·정치적·사회적·문화적 권리들이 현실 속에서 보다 더 구체화되게끔 하는 것이다. 분명히 말하면 그것은 민권의 실질적 혜택으로부터 이미 배제되어버린 개인과 집단을 포함함으로써 사회통합을 증진하는 것을 목적으로 해야 한다. 그런 맥락에서 사회적·역사적 조건에 따라 이른바 차별수정계획의 정책들이 옹호될 수 있을 것이다.

물론 주어진 정체성 안의 개인들을 확정하지 않고서는 특수한 정책의 혜택을 입을 집단을 지칭하는 것이 쉽지 않다. 마찬가지로 특수한 정책들이 그 수혜자로 삼은 사람들에게 이득을 주는지 역시 확실하지 않다. 이 경우에도 다시 한번, 오직 매 상황에 대한 정확한 검증만이 가장 적합한 해답을 줄 수 있을 것이다.

법적이고 정치적인 도구들은 아무리 정교하게 만들어졌다 하더라도 결코 만병통치약이 될 수 없다. 때로 일상생활에 있어서의 약간의 양식(良識)과 선의(善意)만으로도 시민적 다문화주의의 발전에 긍정적인 결과를 만들어낼 수 있다.

일상에 있어서의 양식과 선의

상호 인정 조치는 때로 사회적 시행에 이를 수도 있고, 공적 개입의 복잡한 메커니즘에 포함되지 않고서도 공공영역 안에서 조화를 장려할 수 있는 결정들로 이어질 수 있다. 세 가지 예를 들어보자. 대학식당이나 공장, 병원 혹은 정부 부처에서 가능한 한 다양한 식사를 준비하는 것은, 종교적인 실천에 연결되어 있건 그렇지 않건 간에, 각자에게 자신의 선택이나 식이요법상의 의무를 존중하게 해준다. 모든 나라의 음식을 다 준비하라는 것이 아니라 모든 사람 각각을 만족시킬 수 있는 다양한 음식을 준비하라는 것이다. 예를 들어 손님 중에 이슬람교도나 유태인이 있을 수 있는 데도 돼지고기밖에 준비하지 않았다면 그것은 다문화적 감각의 부재이다. 사실 그것은 쉽게 고칠 수 있다. 여기에서 브뤼셀의 몇몇 구역에서 시행되었던 양 가죽 수거의 경우를 다시 제시할 수 있다. 정치적인 결정이 적절한 양식과 함께할 수 있음을 보여준 예이기 때문이다. 건전한 유연성을 보여주는 세번째 예는 1994년의 이태리 의회 선거이다. 당시 3만 명의 유태인 유권자가 종교적 의무를 따르면서도 투표장에 갈 수 있도록 투표소를 늦게까지 개방하는 결정이 채택되었다. 이러한 다원주의적 조치는 단순한 것이었지만, 누구나 선거에 참여할 수 있게끔 해주었다.

소수집단의 정치적 대표성

마지막으로 소수집단의 대표성 문제는 다문화적 민권에 관한 논의에서 빠트릴 수 없는 것이다. 대부분의 서구 민주주의에서 일부 범주의 주민들은 정치영역에 있어서 2중으로 충분히 대표되지 못하고 있는 것을 보게 된다. 여자들, 이민자 출신 시민들, 그리고 인종·종교상의 소수집단에 속한 시민들은 정치제도나 선출된 의회 내에서 그 수가 많지 않다. 대부분의 경우 충분히 대표되지 못하고 있는 것이다. 사실 당선된 의원들이 원칙적으로는 모든 국민을 대변하고 일반적인 이익을 옹호해야 하지만, 몇몇 범주의 국민에게 중요한 문제나 주제, 관심사 등이 정치적 논의에서 언제나 공평한 관심을 받는 것은 아니며, 일부 집단의 특수한 관심이 정치제도 안에서 언제나 제대로 대표되는 것은 아니다.

물론 정치적으로 합당하게 대표되지 못한다는 것이 언제나 배제나 차별을 의미하는 것은 아니다. 하지만 적어도 정치에 있어서 제대로 대표되지 않은 주민집단은 언제나, 예를 들면 문화적 동기에 따른 고유의 선택에 의한 것이라고 간주하지 않는 한, 다문화적 민주주의에 있어서 중대한 문제가 된다.

이것을 해결하기 위해서는 우선 정치활동을 하고 있는 사람들이 주민의 다양한 범주와 감성을 고려할 수 있어야 한다. 또한 배제되거나 충분히 대표되지 못한 집단과 개인들이 정치생활에 쉽게 접근할 수 있도록 조치를 취해야 한다. 이 점에서 사회의 다차원적(이념적·문화적·민족적·종교적) 다양성을 보다 잘 반영하는 정치계층을 구성하는 것이 아주 중요하다. 정치계층 내에서 여성과 이민자 출신, 그리고 이슬람교도나 동성애자 등의 대표성을 제고하는 것은 우선 상징적인 중요성을 띨 수 있고, 정치계층이 진정으로 국민을 반영한다는 것을 보여줄 수 있다. 또한 정치계층의 다양화는 아마도 더 많은 상이한 주제와 문제들을 정치적으로 해결할 수 있게 해줄 것이다. 그것은 논리적으로 많은 수의 사람들이 사회의 기도와 목표를 정의하는 데 정치

6. 다문화적 민권, 민권적 다문화주의로?

적으로 참여할 수 있게 하는 것을 목적으로 하는 시도의 일환이 된다.

그렇지만 쿼터를 부과한다고 해서 정치계층의 대표성이 제고될 수 있는지는 이론의 여지가 있다. 사실 쿼터 논리는 개인이 자기가 속한 것으로 간주되는 집단의 대표자임을 상정한다. 그런데 여성 의원이 선출되면 남자보다 더 잘 여성의 이익을 대변하리라는 보장이 있는가? 마찬가지로 흑인 의원이 백인보다 더 흑인들의 이익을 대변하리라는 보장은 없다. 쿼터의 논리가 근거하는 추론은 바로 인간의 능력, 즉 개인의 역량보다는 타고난 상황을 우대한다는 것이다. 그에 따라 이민자 정치인은 이민과 관계된 사건을 담당하고 회교도 정치인은 이슬람과 관계된 문제들을 해결하게 될 것이다. 이러한 논리는 종국에는 공공영역을 분할시킬 위험이 있다. 물론 인종주의와 관계된 사건을 흑인에게 절대로 맡기지 않는 것 또한 어불성설이다. 하지만 다문화적 민주주의와 완성된 사회에서 정치계층은 전체 사회를 반영하는 소우주이다. 뿐만 아니라 이슬람교도 정치인은 종교 문제를 다루는 부처의 장관 자리를 맡을 수 있는 것과 마찬가지로 경제부처의 장관이 될 수도 있는 것이다.

이렇게 제안된 다문화적 민주주의 개념은 동일한 의무

와 권리를 갖고 또한 공공영역을 공유하며 법적이고 정치적인 권리와 절차를 존중하고 공동의 민주적 기도를 갖는 적극적인 시민단체의 구성을 상정한다. 게다가 이 시민들은 사적·공적인 다양한 문화적 시행과 정체성을 제시할 수 있다. 하지만 언제라도 변화할 수 있는 이러한 문화와 정체성의 선택이 사회·경제·정치 질서 안에서의 그들의 위치를 조건짓는 것은 아니다. 이러한 개념은 상당히 유토피아적이다. 하지만 그 기본적 요소 중 몇 가지가 우리의 일상생활 안에 존재한다는 데서 우리는 낙관적인 입장을 견지할 수 있다.

결론

　대부분의 현대사회에서 서로 다른 민족·문화집단에 소속된다고 주장하는 개인과 집단은, 원하든 그렇지 않든, 공존할 수밖에 없다. 온갖 미사여구를 동원하여 동질적 국민으로 돌아가자고 주장하고, 또 새로운 기술을 통하여 규격화된 대중문화가 확산된다 하더라도, 그것은 미래에도 여전히 공존할 것이다. 다음 세기에도 이민은 계속될 것이며, 그 도식은 점점 더 복잡해질 것이다. 새로운 형태의 문화와 정체성이 등장할 것이고, 또 사라져버리거나 사회적 의미를 상실하는 문화와 정체성도 있을 것이다. 한마디로 사회는 계속해서 다양화될 것이라고 단언할 수 있다.

이러한 상황은 여러 문제를 제기하고 있고, 또 앞으로도 그러할 것이다. 따라서 상당한 갈등이 초래될 것이지만, 또한 새로운 연대(連帶)와 사회 진보의 초석이 될 수 있을 것이다. 사실 완전히 평화롭고 조화로운 사회라는 개념은 신화에 지나지 않는다. 물론 그렇다고 해서 아무것도 하지 않아도 된다는 말은 아니며, 다양성이 언제나 갈등에 이르게 된다는 말도 아니다. 모든 행동의 출발점이 되는 것은 문화와 정체성의 다양성을 고려해야 한다는 자각인 것이다. 인간사회가 변하고 있는 한, 아무리 동화(同化) 혹은 문화와 정체성의 단일화 시도가 외견상 성공한 것처럼 보인다 해도, 장기적 안목으로는 언제나 새로운 형태의 다양성의 출현이 뒤따르게 된다. 이런 점에서 다문화적 민주주의를 고려하는 것은 아직도 전세계의 많은 지역에서 힘을 발휘하고 있는 순수성의 논리를 탈피하게 해준다.

민주주의자라면 누구나가 보다 나은 삶을 누릴 수 있는 권리를 존중하면서 이러한 공존의 양식을 생각하고 실천에 옮겨야 한다. 그러한 노력이 다문화주의로 명명된 작업의 일환으로 행해지는가 그렇지 않은가의 여부는 그저 단기적 국면으로 중요성을 가질 뿐이다. 용어들, 그리고 그 사용의 문제는 일시적인 유행의 문제에 지나지 않는다. 그렇다고

결론

해서 말들이 지칭하는 실재가 사라지는 것은 물론 아니다. 우리가 말하고자 하는 것은 다문화주의, 민권, 다문화적 민주주의라는 용어들을 그대로 사용하건 그렇지 않건 별다른 의미가 없다는 것이다. 중요한 것은 우리 사회의 민주주의가 문화와 정체성의 다양성을 받아들임으로써 공동체로 표류하여 소멸되지 않고 그 기능을 개선시킬 수 있는 수단들을 갖는 것이다.

문화적·인종적·종교적 소속이 어떻든 모든 인간은 이상적으로 제대로 된 삶을 누릴 권리를 갖는다는 생각은 받아들일 만하다. 지구상의 자원은 한정되어 있으므로, 이러한 원칙에 따른 정당한 분배 메커니즘을 생각해내야 한다. 다문화주의와 그 극복에 관한 논의가 민주주의와 사회정의의 거듭나기 그리고 강화라는, 모두에게 관계되는 보다 넓은 논의의 일환으로 주어지는 경우, 많은 것을 얻을 수 있을 것이다. 이 점에서 인종간의 증오를 부추기고 순수성을 예찬하는 정치세력에서 볼 수 있는 것처럼 오늘날 진행중인 사회적·경제적 분리과정은 (다행스럽게도 민주주의적 기도의 일환으로 주어지는) 문화와 정체성과 관련된 대부분의 주장들보다 훨씬 심각한 장애물이 된다. 결국 문화적 '게토'를 벗어나는 가장 확실한 길은 사회적·경제적 배제,

그리고 불평등의 논리와 결별하는 것이다.

　이 작은 책자 안에 제안된 성찰이 엄청나게 복잡한 다문화주의의 문제가 갖는 모든 양상을 빠짐없이 다룰 수는 없다. 우리는 그중에서 중요한 문제들을 역사적·지리학적 상황 속에서 설명하려고 시도했다.

　여기에서 우리가 제안한 해결책은 가능한 하나의 작업가설일 뿐으로, 그것은 가능한 한 많은 시민을 포함하는 공적인 논의를 통하여 심화되어야 할 것이다. 즉 그것은 극히 구체적인 사실주의적 실용주의와 유토피아를 결합시킨 해결책으로서, 이 책에 제시된 문제들에 대한 이론적·규범적·경험적 접근들의 관계 맺음을 밝히려고 했다.

　마지막으로 우리가 제시한 성찰에 대한 주요한 난점을 지적해야 한다. 즉 이 책에서 문화적 다양성을 받아들이려 하는 것은 곧 민주주의를 생각하는 것임을 보여주려 했으며, 또한 민주주의에 대한 존중은 문화적 다원성을 받아들이는 데 있어서 넘어서지 말아야 할 경계를 형성한다는 것을 보여주려 했는데, 문제는 민주주의를 위한 이러한 단호한 결정이 정당한 것임이 실제 증명되지는 못했다는 것이다. 산업화된 국가나 다른 곳에서도 이에 관한 이의가 제기되고 있다. 또한 아주 난감한 문제가 한 가지 더 있다. 즉

결론

다문화주의에 관한 우리의 성찰이 전형적으로 서양적인 신념을 전세계에 강요하려는 시도가 아닌가 하는 의문이다. 나는 그렇게 생각하지 않는다. 민주주의를 포기해야 하는 이유, 민주주의와 더 많은 문화적 다양성을 조화시키면 안되는 이유를 알 수 없다. 다시 말하면 민주주의에의 믿음이 일종의 서구 중심주의라 하더라도, 나는 민주주의를 내세우지 않을 수 없을 것이다.

참고문헌

〔불어 문헌〕

Amselle, Jean-Loup. 1996, *Vers un multiculturalisme français. L'empire de la coutume*, Paris: Aubier.

Bayart, Jean-François. 1996, *L'illusion identitaire*, Paris: Fayard.

Cuche, Denys. 1996, *La notion de culture dans les sciences sociales*, Paris: La Découverte.

Lacorne, Denis. 1997, *La crise de l'identité américaine. Du melting-pot au multiculturalisme*, Paris: Fayard.

Martiniello, Marco. 1995, *L'ethnicité dans les sciences sociales contemporaines*, coll. "Que sais-je?", Paris: PUF.

Naïr, Sami & De Lucas, Javier. 1996, *Le déplacement du monde. Immigration et thématique identitaire*, Paris: Kimé.

Neveu, Catherine (dir.). 1995, *Nations, frontières et immigration en Europe*, Paris: CIEMI/L'Harmattan.

Taylor, Charles. 1997, *Multiculturalisme. Différence et démocratie*, Paris: Flammarion.

Touraine, Alain. 1997, *Pourrons-nous vivre ensemble? Egaux et différents*, Paris: Fayard.

Wieviorka, Michel (dir.). 1996, *Une société fragmentée? Le multiculturalisme en débat*, Paris: La Découverte.

〔영어 문헌〕

Alund, Aleksandra & Schieup, Carl-Ulrik. 1991, *Paradoxes of*

참고문헌

Muticulturalism, Aldershot: Avebury.

Arthur, John & Shapiro, Ami (eds). 1995, *Campus Wars. Multiculturalism and the Politics of Difference*, Boulder: Westview Press.

Bauböck, Rainer & Heller, Agnes & Zolberg, Aristide (eds). 1996, *The Challenge of Diversity. Integration and Pluralism in Societies of Immigration*, Aldershot and Vienna: Avebury and European Centre Vienna.

Bissoondath, Neil. 1994, *Selling Illusions. The Cult of Multiculturalism in Canada*, Toronto: Penguin Books.

Dunant, Sarah (ed.). 1994, *The War of the Words. The Political Correctness Debate*, London: Virago.

Favell, Adrian. 1997, *Philosophies of Integration: Immigration and the Idea of Citizenship in France and Britain*, London: Macmillan.

Gitlin, Todd. 1996, *The Twilight of Common Dreams*, New York: Owl Books.

Glazer, Nathan. 1997, *We are All Multiculturalists Now*, Cambridge: Harvard University Press.

Goldberg, David Theo (ed.). 1994, *Muticulturalism. A Critical Reader*, Oxford: Blackwell.

Hollinger, David. 1995, *Postethnic America. Beyond Multicalturalism*, New York: Basic Books.

Hunter, James Davison. 1991, *Culture Wars. The Struggle to define America*, New York: Basic Books.

Huntington, Samuel. 1996, *The Clash of Civilizations and the Remaking of World Order*, New York: Simon and Schuster.

Kymlicka, Will (ed.). 1995, *The Rights of Minority Cultures*, Ox-

ford: Oxford University Press.
Kymlicka, Will (ed.). 1995, *Multicultural Citizenship*, Oxford: Clarendon Press.
Martiniello, Marco (ed.). 1997, *Reflections on two European Multicultural Societies: Britain and Belgium*, Utrecht: ERCOMER.
Rex, John. 1996, *Ethnic Minorities in the Modern Nation State. Working Papers in the Theory of Multiculturalism and Political Integration*, London: Macmillan Press.
Schlesinger, Arthur Jr. 1992, *The Disuniting of America. Reflections on a Multicultural Society*, New York: Norton.

역자 후기

　다르게, 평등하게 살기.
　이 책에 담긴 이야기들은, 몇 가지 각도에서 현대사회를 분석하고 있지만, 결국 이 한 가지 축으로 수렴된다. 다시 말하면 다수집단이 이끌어가는 세계 속에서 소수집단에 대한 인정(認定)의 문제이다. 이때 다수집단은 세계화된 지구촌을 지배하는 미국이라는 강대국이기도 하고, 한 나라 안에서 정치적·경제적 힘을 장악한 계급이기도 하고, 사회적 통념을 이끌어가는 문화적 권력이기도 하다. 물론 그중에서도 가장 중요한 분석대상이 된 것은 같은 땅에서 살아가는 상이한 민족집단들의 문제, 말하자면 미국이라는 국가의 형성 자체에 맞물린 흑백갈등이나 경제적 이유에서 시작된 유럽 내의 이민자 문제이다.

　미소 양대세력의 균형이 무너진 이후 다시금 정치, 경제, 문화의 전선에 대두한 민족주의는 결국 보스니아라는 비극을 낳았고, 다른 민족과의 합리적인 공존(共存)이 얼마나 허약한 기반 위에 서 있는가를 보여주었다. 더욱이 9·11이라는 전대미문의 사건을 겪으면서 세계는 또 한번 '문명의 충돌'의 필연성 쪽으로 기울고 있다. 하지만 '문명의 충돌'과 21세기의 지배 이데올로기인 '세계화'가 만나는 지점은 결국 미국의 패권주의일 수밖에 없음은 더더욱 필연적인 결과이다. 유럽에서의 상황도 마찬가지이다. 프랑스, 영국, 독일, 벨기에 등 오늘날 유럽 여러 국가에서 이민자, 그리고 그 후손들은 고정적인 사회의 구성원이 되었고, 보다 강력한 사회적 인정을 요구하고 있다. 그와 맞물려 거의 모든 나라에서 극우파(極右派)가 세를 확장하고 있으며, 한편 그러한 민족주의의 반대쪽에 이미 상당히 이질적인 여러 요소들을 극복해나가고 있는 유럽 통합이 있다.

　결국 세계는 더 이상 단일한 원칙의 조정을 받지 않는다. 매번 그 경계마저 변화하는 상이한 집단들이 각기 다른 목적에 따라 흩어지고 합치는 것이다. 분명한 것은 어느 사

역자 후기

회든 더 이상 한정된 경계 속에 고정될 수는 없다는 사실이다. 한 개인 혹은 집단이 속한 공동체는 끊임없이 확장되며, 그와 함께 개인 혹은 집단의 정체성은 외적인 경계에 의해 주어지기보다는 스스로 찾아내야 할 것이 된다. 여기에서 저자는 그가 '다문화적 민권'이라 부르는 것의 가능성을 탐색한다. 민권은 사회의 구성원으로서의 각 개인이 갖는 침해할 수 없는 권리로서, 개인주의와 국가주의라는 두 기둥 위에 성립된 서구 민주주의의 핵심을 이룬다. 여기에서 그가 던지는 질문은 사회가 민족적 혹은 문화적 특수성을 인정받으려는 소수집단의 욕구를 공적으로 인정하게 되면, 사회의 동질성과 통합을 주장하는 자들이 경계하는 것처럼, '문화적 게토'가 형성되고 민권이 흔들리게 되는가 하는 것이다. 물론 저자는 '문화적 게토'를 사회로부터의 배제가 만들어낸 유배지만으로 보지는 않는다. 따라서 스스로 그 속에 칩거함으로써 폐쇄적 정체성을 통해 위안을 찾으려는 함정을 경계하는 것을 잊지 않는다. 배제와 도피라는 이 두 가지 측면에서 '문화적 게토를 벗어나기'(이 책의 원제목이다) 위해 각 개인이, 각 집단이, 사회 전체가, 그리고 국가가 해야 할 일은 무엇인가? 이 책은 바로 이러한 질문의 답을 제시하려 한다.

각 개인은 나와 다른 사람들— 엄밀한 의미에서 나 아닌 자는 결국 모두가 나와 다르다— 과 함께 살아가야 하며, 이것은 곧 자기의 권리 혹은 자기가 속한 집단의 권리를 적극적으로 인정받아야 하고, 그와 동시에 타인 혹은 다른 집단의 권리를 인정해야 한다는 것을 의미한다. 두 세기 전 볼테르가 관용(tolérance)을 외친 이후에도, 세계는 여전히 다른 사람을 나로 만들려는 인력들이 충돌하는 투쟁의 자리가 되고 있다. 자기를 지키며 타인에게 문을 열기, 즉 '열린 공동체'의 정신만이 다르게, 평등하게 살기를 실현할 수 있지 않을까?

2002년 6월

윤진

마르코 마르티니엘로(Marco Martiniello)
벨기에 국립과학연구재단(Fonds national de la recherche scientifique de Belgique) 연구원, 리에주 대학 정치학 교수
피렌체 유럽대학연구소에서 정치·사회학 박사학위 취득
주로 이민 문제, 민족간의 문제, 민족주의와 민권 문제 연구
리에주 대학 민족이주연구소(CEDEM: Centre d'étude des migrations de l'ethnicité) 소장

윤진(尹珍)
아주대학교, 서울대학교 대학원 불문과 졸업
파리 3대학 불문학 박사
아주대학교, 중앙대학교 강사
역서 『자서전의 규약』 『중력과 은총』 『거울의 역사』 외 다수

한울―시앙스포 총서 8
현대사회와 다문화주의
다르게, 평등하게 살기

ⓒ 도서출판 한울, 2002

지은이 | 마르코 마르티니엘로
옮긴이 | 윤진
펴낸이 | 김종수
펴낸곳 | 도서출판 한울

초판 1쇄 발행 | 2002년 6월 30일
초판 7쇄 발행 | 2012년 12월 5일

주소 | 413-756 경기도 파주시 파주출판도시 광인사길 153(문발동 507-14)
한울시소빌딩 3층
전화 | 031-955-0655
팩스 | 031-955-0656
홈페이지 | www.hanulbooks.co.kr
등록 | 제406-2003-000051호

Printed in Korea.
ISBN 978-89-460-3968-1 94300
ISBN 978-89-460-0105-3 (세트)

* 가격은 겉표지에 표시되어 있습니다.